对话游戏

戏剧美育活动课

主编　柯　鲁

副主编　王　婷　李君兰

清华大学出版社

北京

图书在版编目（CIP）数据

对话游戏：戏剧美育活动课 / 柯鲁主编. — 北京：清华大学出版社，2023.6
ISBN 978-7-302-63915-2

Ⅰ.①对… Ⅱ.①柯… Ⅲ.①戏剧教育—中小学—教学参考资料
Ⅳ.①G633.951.3

中国国家版本馆CIP数据核字（2023）第115943号

责任编辑：孙墨青
封面设计：傅瑞学
责任校对：王荣静
责任印制：丛怀宇

出版发行：清华大学出版社
  网　　　址：http://www.tup.com.cn，http://www.wqbook.com
  地　　　址：北京清华大学学研大厦 A 座　　邮　　编：100084
  社 总 机：010-83470000　　　　　　　　邮　　购：010-62786544
  投稿与读者服务：010-62776969，c-service@tup.tsinghua.edu.cn
  质量反馈：010-62772015，zhiliang@tup.tsinghua.edu.cn
印 装 者：大厂回族自治县彩虹印刷有限公司
经　　销：全国新华书店
开　　本：170mm×240mm　　印　张：16.25　　字　数：208 千字
版　　次：2023 年 8 月第 1 版　　　　　印　次：2023 年 8 月第 1 次印刷
定　　价：39.00 元

产品编号：100045-01

编委会

————————————— ◇ —————————————

序 一

党的十八大以来，习近平总书记站在人类社会发展进步的高度，提出推动建设新型国际关系、推动构建人类命运共同体等重要理念，并在培养人才方面提出"要培养造就一批善于传播中华优秀文化的人才，发出中国声音、讲好中国故事，不断提高国际传播影响力、中华文化感召力、中国形象亲和力、中国话语说服力和国际舆论引导力"。党的二十大报告提出，教育、科技、人才是全面建设社会主义现代化国家的基础性、战略性支撑。北京市作为国际交往中心，也十分重视国际化人才的培养。东城区作为北京市的核心区之一，突出首善标准，持续提升自身的国际影响力。

面对国际的新形势和新挑战，东城区教科院国际教育部从面向"人类命运共同体建设"角度建构，从培养学生"全球素养"角度设计，从助力基础教育改革角度思考，从定位国家文化战略角度统筹，从满足学生个性化发展需求角度规划，以"比较"的视野研发"双向交流"的课程内容，以"活动"的方式打造"素养导向"的东城区国际理解教育课程，培养学生的国际理解素养，提升学生的国际交往能力，使之成为具有中国情怀、全球视野的国际化人才。

"对话游戏"戏剧美育课程作为东城区国际理解教育课程之一，自 2020 年起在东城区中小学进行课程实施。戏剧作为一种"活动"形式，在课程实施的过程中通过情境体验，培养了学生对生活的感知，并从中认识自我，塑造完善的人格。"对话游戏"戏剧美育课程以"教育戏剧"的理论为依据，以"戏剧"元素为手段和媒介，以"戏剧"作为教学方法，以简短有趣且生动的对话内容为基础，促进学生日常学习生活场景中更加准确、合理、有效地沟通，探索和锻炼了学生对语言沟通、情绪表达的主题，着重培养学生在国际理解教育跨文化主题中交流与沟通的素养。用戏剧的方式使知识回归经验、学习回归生活、课堂回归情感，通过课程激发了学生的想象力、创造力、转化力、融通力及合作力。

　　在东城区开展该课程的 3 年中，前后有 20 余所学校参与了该课程。从小学高段学生到初中学生，从戏剧特长生到行政班全班学生，参与的过程中都对课程充满着热情和期待。学校跟课教师也反馈学生通过课程更乐于沟通交流，更善于表达自我，课程也促进了学生对生活、对学习的思考。与此同时，"对话游戏"戏剧美育课程在开展过程中也给跟课教师带去了一些启发。

　　在深入开展教学实践的基础上，才有了这本《对话游戏：戏剧美育活动课》，它将以往课上所运用的简短而生动的戏剧对话进行了分类汇总，用留白给使用此书的师生以想象、思考的空间，更有利于贴近使用人自身的环境，从而更充分地体悟对话对沟通的影响。

　　感谢戏剧美育教师们、编写者们的辛苦付出，能够让参与的师生通过此课程与此书有所收获。感谢清华大学出版社对美育工作的重视，以及对此书出版的支持，能够让它以更贴近读者、更友善的面貌与读者相见。

　　风起于青蘋之末，浪成于微澜之间。此书从每一句话入手，从每次对话入手，从每个角色入手，找到与生活的衔接，找到与环境的关联，找到与世界的联通。此书的出版，不仅辅助使用者在虚拟的教育剧场中，感知真实场景下的沟通，指向心灵世界的成长，并且从专业的角度为戏剧教师提供了可利用的丰富资源、可借鉴的典型范例，在开拓教师国际视野的同时，从课程实践上助力学校美育多样性发展。

北京市东城区教育科学研究院　党委副书记

北京市东城区美育研究会　秘书长

2023 年 1 月

序 二

21 世纪，大国博弈已进入以核心价值观为支点的时代！今日之中华民族，要实现伟大的中国梦，最大挑战之一就是实现民族创新能力的跃升。我们不仅需要技术人才，更需要有创新能力和创造能力的综合型人才！

回望我国现当代教育历程，我们曾在较长的一段时期不够重视学生的个性，把知识技能作为教育的中心，用类似工业标准化的方式塑造学生的基础能力——让大多数人在同一时间，以类似的方式，学习统一的课程。知识技能的熟练度被凌驾于创造力之上。这种教育有其历史原因，在一定程度上的确满足了社会发展对人才的阶段性需求。但这种独木桥式筛选人才的竞争模式，使得很多学生备感压力且未能充分将个人所长与社会所需有机结合。这不是因为他们缺少才华，也不是缺乏学习能力与理解能力，而是其感受、心智、个性不适于当时教育的单一模式。从 2018 年以来，教育改革政策频出，高考改革节奏加快。再到党的二十大之后，更进一步强化学校美育的育人功能，至此，艺术兴趣、审美素养、人文视野、创新意识、人格修养更加被教育界乃至全社会所重视。

当下，学校教育正在从关注"冷冰冰的分"向关注"活生生的人"转变。让教育更尊重个性、体现个性。避免千人一面、千篇一律，可谓重大创新，更是体现了教育理念的提升，推动着教育向"每个孩子都是独特的、都是与众不同的"这一最根本的认知回归。

蔡元培先生曾说："美感者，合美丽与尊严而言之，介于现象世界与实体世界之间，而为津梁。"

美育是最伟大和最美好的事业，但同时也是最困难的。因为在看到学生们成长的喜悦之外，其自我个性与学识判断之间的张力随之而生。在幸福于每个学生学识有所得之时，总有一种学识会束缚其天赋与激情的担心；在欢喜于每个学生自我个性得以展现之时，又总有一种对其过于散漫或不具备充足知识与处事能力的担忧。如何帮助他们实现身心成长与全面发展，帮助他们找到属于自己的生命喜悦？我们需要第三个点作为桥梁，那便是"戏剧"！

20 世纪中期以来，戏剧应用于教育，从戏剧大师布莱希特（Bertolt Brecht）到希斯考特（Dorothy Heathcote）、凯文·波顿（Gavin Bolton），再到戏剧教育学家温妮弗列德·瓦德（Winifred Ward），以她 1930 年出版的《创造性的戏剧活动》为标志，在西方已有百年的实践经验。"教育戏剧"在国内方兴未艾，并于 2022 年写入了《义务教育艺术课程标准》。如何根据"教育戏剧"的理念，遵循新时代学校美育的指导意见，既融入中华优秀传统文化，又向世界多元文化敞开胸襟，开放对话，更能贴近当今中国学生的学习与日常生活呢？在这方面，"对话游戏"戏剧美育课程无疑是一系列有创新意义的教育实践，也给了我们有益的参考。

对话是我们生活工作中最为重要的沟通方式，用戏剧的方式来演练对话是十分契合的。戏剧美育课程提供了一个自我表达的情感试验场，一个现实世界的演习场，学生们可以在角色扮演中自由地表达与体验，更好地体会人与人的联结与差异。

从课程设计角度看，此书的结构是通过构建戏剧情境来搭建的，从开始和结束的仪式感，到对时间、地点、人物和事件的主动探索，逐步深入至情感认知与表达能力的演练。内容上，是一系列的简短对话文本，内容生动、诙谐，视野开阔，有情感再现，有生活的哲思，有中国传统美学的思维，也有对现代经典戏剧文本的解读。更可贵的是所有这些文本转化成了一个个开放性的对话游戏，以及具有戏剧特性的生活场景，将学生们带回到生活中，将想象力融入其中，在对话游戏中开启情感记忆，开启向内探寻自己的路径，激发学生的同理心与审美趣味，为培养创造性思维打下了良好基础。同时，这也正是对《关于全面加强和改进新时代学校美育工作的意见》（2020）、《义务教育艺术课程标准》（2022）的积极回应、生动阐释与鲜活体现。

当然，这一系列戏剧美育课程还有提升空间，希望这样的课程不局限于学校教室，也可以在剧院等场域中实践，在更多的美育实践中共同前行，努力实现"以提高学生审美和人文素养为目标，弘扬中华美育精神，以美育人、以美化人、以美培元，培养德智体美劳全面发展的社会主义建设者和接班人"。

北京儿童艺术剧院　院长

2023 年 1 月

编者的话
——写给即将开启"戏剧对话之旅"的你们

　　"对话游戏"是 F·π 剧场"戏剧美育活动课"系列之一。这里的"戏剧美育"并不只是对大家进行戏剧表演技能的训练，而更是将戏剧作为一种教学方法，例如剧场游戏、角色扮演、创造性戏剧行动、即兴、肢体互动等方法，用于人文与审美的学习。这里的学习也不是学习美学知识，审美和基础知觉相关，是感知世界的一种方法，是对美好事物的感知、欣赏和批判的能力。所以，我们的课程没有统一的标准答案，我们更看重过程和你们每一个人的感受。简单一点说就是我们将会一起在亲身体验和分享中学习成长。"戏剧美育活动课"的核心指向艺术感知力、创造性思维能力和表达与沟通能力的培养，本系列戏剧美育活动课丛书围绕感官认知和自我表达的"听、观、感、思、语"五个维度展开，其中，本书是关于"语"的主题，即"对话"。

　　为什么是"对话"？对话是我们生活中最为平常不过的一件事，但是，换一个角度看，对话也是一门艺术。什么话能说，该怎么说，细细想来还是很有趣的一件事，要不然汉语中怎么会用那么多的成语来形容它呢？你是不是可以马上脱口而出了：巧言善辩、语出惊人、拐弯抹角、一语道破、口吐珠玑、七嘴八舌、欲言又止、辩口利辞、牙白口清、尖嘴薄舌……这些都和对话有关。

从广义上讲，对话是一种沟通与表达的过程，与朋友、与亲人、与陌生人、与自己，与记忆、与梦幻、与一只受伤的小猫、与一棵寒风中屹立不倒的大树、与万事万物。对话不仅可以让我们与周遭的世界建立起联系，也可以打开我们思想的闸门，彼此相互启发。文艺理论家米哈伊尔·巴赫金认为"生活就其本质而言就是对话，在对话中体现着'活法'"。

试想一下，在对话的背后是我们感知世界的全部，我们真的可以准确地、毫无偏差地表达自己心中的感受吗？真的可以准确理解他人说的每句话，以及话里传达的信息吗？有多少次，你所谓的感受是被别人告知的，或是被过去经验所局限的？

如今网络时代，真实体验的缺失让同理心难以建立，"社恐"成为当下社会的高频词也就不足为奇了。遇到问题时我们都需要回到认知的起点来思考，不管是想要准确表达自己，还是充分理解他人，首先要学会的是真切地去感受我们的周遭。

因此，我们选择了"对话"，探索如何在与他人的对话中运用创造性的互动方式，建立起正向的、有效的且有趣的沟通，同时建立起同理共情的能力。为了增加阅读的乐趣和游戏感，本书中的一系列对话短小而生动，每段对话都是围绕着与我们生活相关的主题展开：运动、食物、电影、游戏、父母、同伴、上网、出行等，然后通过戏剧表演的方式来"玩"对话，邀请大家一起进入一个个不同主题的对话情境中，找回那些被忽略的感受，挖掘那些藏在对话里的"秘密"，探索成长中的各种情感和关系：快乐、悲伤、同情、嫉妒、激动、愤怒、信任、感恩……从孤立和封闭到正向沟通，从厌恶到爱，从竞争到合作，以及介于它们之间的所有令人困惑的成长时刻。

在这些简短的对话中，我们特意省略了对话之前和之后的故事，给对话预留了足够的想象余地，以便同学们能有更多空间发挥自己的创造性，探索情境与人物关系的更多可能性。这些对话从简单到复杂，从幻想到现实，大家可以将其作为游戏来展开，并尝试与你自己的故事相结合，每段对话都可以修改、再创作，以创建独立的小品，甚至可以多段组合在一起创作一场独立主题的完整演出，以供学校各类活动或特殊课堂展示所需。虽然这些对话是为课堂而编写，但同样适用于家庭场景，可以为亲子时光增添更多有趣的内容，为和谐亲子关系打开另一扇门。除此之外，当然，喜欢阅读剧本和进行角色扮演的每个人都可以使用这本书，它可以帮助你学会打破新朋友初次见面时的僵局，也可以作为学习戏剧的入门热身。

在这些对话练习中，同学们不仅能从表演中获得创造性思维，培养好奇心，还能提高沟通能力。同时，一对一的对话形式能促进友谊，也可以让害羞的学生找到表达自己的各种有趣方法。此外，在情感、态度和价值观层面，本书可以引导同学们认知自我以及人的不同情感，培养区分善与恶的能力，并且通过各种剧场法则，认识各种情感关系，掌握处理情绪、转化情绪的能力，建立自爱自信的生活态度，增进同理心与社会责任感。这也是戏剧美育给予生活最直接的帮助。

本书主要面向青少儿读者。为了便于阅读和保持台词的开放性，书中的人物姓名都以 A 和 B 来代替，并且不刻意强调男女性别，因此，台词中每个"他"都可以看成是"她"，反之亦然。

使用方法

本书分为 11 章，每一章以及章内每段对话的开头都给出了一些"练习提示"，这些提示构成了阅读对话的思考框架，它将更好地帮助你们思考对话将如何开始，以及在围绕对话练习时应该专注于什么。

最终，你们将会意识到本书中提示的所有问题，都适用于本书中的所有对话。通过不断地提出问题，你将会逐渐了解台词是如何在排练室转化成戏剧演出的，同时，你还会发现将其活用在生活中后，阅读和沟通会变得更加有趣。

无论台词是惊奇到令人兴奋，还是平淡到令人难以置信，你们都需要带着问题进入对话情境中，像一名侦探一样，去寻找语言和行为背后的"秘密"。

你们在开始"玩"这些对话游戏之前，请先尝试向自己或者搭档提出以下这些问题：

我站在哪里？

我刚刚经历了什么事？

我如何清晰地传达台词信息？

我如何将自己的声音作为表达的重要工具？

我应该用什么节奏来念出台词？

我应该投入怎样的情感？

我的角色处于什么地位或处境？

我是哪种类型的角色？

我想在对话中扮演强势者、弱势者，还是其他？

我更想扮演哪一个角色？

还有，我们也为每一章开头都配套了"概念导引游戏"，它会帮助你们更好地理解每一章的主题概念，轻松掌握阅读文本的方法，以及进行对话游戏的要点。

祝大家玩得开心！

编者

目 录

第 6 章　节奏:速度控制器·· **091**

快与慢是节奏最直接的体现,但节奏远远不止于此,本章,我们就来更加深入地感受节奏。

第 9 章　方向：面对面和背对背 ······················· **153**

本章讨论的是对话中的方向，具体指的是演员在舞台上说话的方向。我们在生活中对话时的方向，不难理解，对话至少是两个人的交谈，面对面，或是心不在焉地对话。但在剧场舞台上，对话的方向是与时空有关的，这也是戏剧导演常常思考的难题之一。

第10章 关系: 在两个角色之间

要知道,人在社会中是无法孤立存在的,人的存在是各种关系发生作用的结果。在本章的对话游戏中,你们可以通过调研和想象来创造角色和角色之间的关系,你们需要认真思考,在这些对话中,在两个角色之间,是谁来决定彼此的相互关系,以及他们之间的关系又是如何发展和变化的?

第11章 较量: "赢家"和"输家"

在对话中,两个人之间,会有一种无形的力量,例如,强势或弱势、引领者或跟随者。每个角色都有不同的状态,这很大程度取决于对话的另一方如何回应。两者之间的"力量"如何平衡。一言不发保持沉默,是否会让对话中的人失去这种"力量"?还是让它更强?在相互尊重的前提下,你将用什么方式来获得更多主动权?这种"力量"之间的拉扯,将会让我们在本章的对话变成一种较量,产生"赢家"和"输家"。你需要考虑的是:能赢得什么?会输掉什么?

第 1 章　对话热身

插图作者：F·π 剧场学员（匿名）

我们从哪里开始？

本章中这些简短的对话台词是一个很好的入口，借此可以开展一系列有意思的对话实验。

首先，你需要找到一位搭档，最好还有一位或多位旁观者（可以是同学、朋友、家人）；选择一块相对空的空间作为表演舞台，然后可以开始你们的对话。就像做实验一样，你们可以对每一段文本用不同的语速、音量、行为等方式来进行对话表演，尝试演绎这些对话台词的各种可能性。

例如：

用最快或最慢的速度对话，会呈现什么样的效果？

最大音量或最小音量，又会变成什么样？

试试其他方式：跑着、跳着、走着、站在高处、远距离、背对背等方式去展开对话。

最好每次尝试不一样的方式。

如果你能找到观众，可以邀请他们来观看，并请他们谈谈各自看到的故事与画面。

练习完后讨论焦点提示：

这段对话有可能发生在什么地方？

说话的人都是谁？多大年龄？他们可能叫什么名字？

他们之间的关系可能是什么？

他们的情绪有没有变化？为什么？

到底发生了什么故事？

同一段对话台词，当演绎方式发生变化后，又会得到多少不同的故事？

甚至从一个搞笑的故事，变成一个悬疑故事，也说不定呢！

你可以在每一段台词的后面空白处，根据"试试看"和"想想看"的提示，记录下你的发现和想象。

概念导引游戏——"胡言乱语"

游戏要点：

用胡言乱语来"说话"。

游戏说明：

胡言乱语替代了一般表意的语言，是一种伴随着动作所发出的声音（自创的语言比如"火星语"），而不是任何有确切含义的句子。两个人一组，面对面，用彼此不懂的自创语言交谈。虽然是假装在聊天，但要想方设法"像真的一样"。

注意事项：

（1）让对话一直继续下去，不要只是一两句就结束，要像平时我们聊天一样。

（2）不要一直发单调的"嗒嗒嗒"的声音，试着发展更多的音调，创造自己的语调、语速，等等。从一个词到一句话，从慢慢说到流利说，而且可以让嘴巴的动作更夸张些。

（3）每次开始玩这个游戏，大家都会感到兴奋，但是在游戏的过程中往往会忽略肢体与说话两方面的一致性。对这种情形请不要嬉戏打闹而过，只要认真地再玩一会儿你们就会发现，声音的流畅与肢体的表现会渐渐地合而为一了。

好了，让我们开始游戏吧！

一、拥抱

道具准备：任意。

练习提示：想象一下对话中的人物都是谁，是什么关系，一对母子吗？B是真的因为全身是泥而不想拥抱，还是只是不习惯拥抱这个动作？为什么？

A

我能拥抱你吗？

B

（摇头）

不行。

A

为什么？

B

你没看见吗，

我全身都是泥。

A

我要的是拥抱。

（伸开双手）

试试看：

1. 给自己的朋友、家人一个拥抱；采访一下被拥抱者的感受，也与他们说说你的感受。

2. 做一份关于"四个拥抱"理论的调研。拥抱是人类在子宫内的第一感觉，知名心理治疗师维琴尼亚·萨提亚提出了"四个拥抱"理论，她认为，人一天至少要有 4 个拥抱才能生存，8 个拥抱才能维持生活，12 个拥抱更能促进成长。希望大家在了解了这个理论之后，也可以谈谈你对拥抱的看法。

二、一双筷子

道具准备：一双筷子。

练习提示：这一段对话需要你们打开想象力，可以尝试不同的表演方式。你们可以给筷子配上说话的声音来进行表演，就像是一场偶戏。当然你们也可以用自己的整个身体来扮演其中一根筷子。无论哪种都会很有趣，但表演前请认真观察一双筷子在你手中使用时是如何运动的，并找到它们对话中的焦点。

A

我们又见面了。

B

听起来你不太希望和我见面？

A

我想说，

我们始终配合得不太好！

B

那可不能怪我。

你总是太随心所欲了！

A

难道不是你总碰到我吗？

B

你到现在都不明白吗？

我们不碰在一起，

怎么能完成工作？

A

你是不是搞错了？

我们不能碰在一起，

我们要一起用力抱起食物。

像这样。

（演示动作）

B

怎么会是这样？

（演示动作）

应该像这样！

A

你还是不懂配合！

试试看：

1. 偶戏表演是一种很古老的表演方式，比如皮影戏、布袋戏、提线木偶、傀儡戏等都属于偶戏。如果你有兴趣研究偶戏，在图书馆和书店里可以找到许多有关偶戏的历史以及控偶结构方面的资料。上述这段对话，如果你选择偶戏方式来表演，你可以在开始之前先玩一下"只用手"的游戏。用手来听、来看，用你的手指来笑，耸耸你的手而不是耸耸肩，把所有的精力放在手上，让手上的焦点来带动你，用手来说话，把你的脸放轻松。然后，你还可以把袜子套在手上再做一遍。当然也可以给袜子装点上头发、胡子、耳朵、帽子，或者你认为任何有趣的东西。希望你们找到偶戏的乐趣，大家试试看吧！

2.另外再做一个调研，去了解一下关于筷子的历史吧！

三、红叶

道具准备：一副墨镜。

练习提示：这是一段经典的小对话，可以创造出无限可能。所以开始前请试着提出更多的问题，比如：这段对话可能发生在什么地方？说话的人是谁？什么年龄？他们之间的关系是什么？对话时的情绪又有什么变化？另外表演时也可以尝试各种可能性，例如大声说话、小声说话，或者在变换每句话的逻辑重音①后，甚至有可能会得到一个悬疑的故事也说不定！

A

哇，快看，树叶都红了，真美。

B

那些吗？

可那些不是黄色的吗！

---

① 逻辑重音：一般指在文学作品的朗诵中，那些不受语法限制，而由句子的潜在含义所决定而必须强调的音节。（编者注）

A

什么，那是红色的。

B

我确定那是黄色的，

你什么情况？

A

你看不见吗，那不是黄色，

它是红色的。

B

它是黄色的，

我有一件同颜色的运动衫。

A

那个有 V 领的？

B

对呀，上周开班会我穿的那件。

A

可是，那件衣服不也是红色的吗！

试试看：试着将这段对话发展得更完整；然后向你的伙伴讲出属于你的《红叶》故事。

想想看：如果让你选择一个颜色来形容自己，你会选择什么颜色？为什么？

四、鼓掌

道具准备：一块钱或一张纸。

练习提示：这段对话需要邀请更多同学加入，一起营造一个场景，一名同学来扮演流浪汉，另一些同学扮演路人。

A

你能借我一块钱吗？

B

啊？

A

我明天肯定还你。

B

你要用来做什么？

A

我想给那个流浪汉。

B

他是骗子。

A

你怎么知道？

他会唱歌。

B

如果你真想帮助他，

是不是要考虑你到底有没有一块钱？

A

我明天就会有的。

B

那你明天再给他。

A

现在怎么办？

B

你可以给他鼓掌!

想想看：思考一下，如何可以更好地帮助他人？

五、流浪猫

道具准备：一个笼子、一些食物。

练习提示：这段对话比较短，可以尝试将内容先背下来，然后可以尝试每次 A 和 B 对话时面向不同的方向，面对面、一个看着另一个、谁也不看谁，或者两人看向同一个方向。

A

我看到它们了。

B

它们每天都在这里!

A

它们好像很害怕我，

我放些食物在笼子里是不是好一点。

B

你这是诱捕。

A

我只是想把它们带回家，

给它们更好的生活。

B

它们可不一定这样想。

想想看：猫会是什么表情？猫在面对人类的"善意"时到底在想些什么？

六、多喝水

道具准备：一罐饮料。

练习提示：这段对话可以将焦点集中在人物变化上，A 和 B 会是谁？老人和孩子，男人和女人，蒙古人和印度人，西方人和东方人，等等。根据不同的人物设定需要变化不同的位置来说话，可能是一个人追着另一个说，也可能是两人正在打电话，等等。

A

你需要多喝水。

B

我刚喝了一罐可乐。

A

那是饮料。

B

是啊。

A

我说的是白开水，热的！

B

为什么？

A

喝热水对你有好处！

B

我从来不喝热水。

A

我奶奶说，

这种情况下就要多喝白开水，热的。

B

我觉得你真应该尝一口这个。

试试看：

1. 去品尝一杯不同温度下的白开水，感受白开水到底是什么味道。展开一次调研，调研白开水对身体是否真的有益处，多少度的水对身体来说是最好的。

2. 尝试调研：不同国家、地域的人的生活习惯都有哪些不同，为什么不同？

七、宠物

道具准备：一个大盒子。

练习提示：这段对话可以尝试用更夸张的表情来说话，同时如果再能配上肢体动作就更好了。

A

（往盒子里看）

太可爱了！是你的吗？

B

是的。

A

它叫什么名字？

B

皮蛋。

A

这是什么品种?

B

最大的鼠类之一。

水豚鼠。

A

老鼠?

B

你看它,正在吃东西。

(将盒子递给 A)

A

(不再看盒子)

你的宠物真特别!

想想看:你最喜欢的小动物是什么,可否说说你为什么喜欢它?或者把它画下来?

八、删除

道具准备:任意。

练习提示:这段对话中缺失了一部分内容,请大家在开始这段对话之前,先把人物那段想要删除的记忆内容创编出来。创编可以采用分组的方式,两到三个人一组,每人分享一段自己想要删除的记忆,然后大家一起把每个人的记忆融合在一起,改编成一段完整的回忆,作为对话中角色"想要删除的记忆"。

A

我要把那段记忆删除掉！

B

发生了什么？

A

……

所以我想删除掉！

B

这怎么可能，

你会记得越来越清楚。

A

也许等时间再久点，

就可以了。

B

那是忘记，不是删除。

A

都一样。

B

可干吗要这样？

A

我讨厌那段记忆，

一想到它就让我很烦躁。

B

也许你年纪再大一点就会觉得它很好了。

想想看：文艺复兴时期思想家、文学家蒙田说："记忆中记得最牢固的事情，就是一心要忘记的事情。"想想看会是这样吗，你最深刻的记忆是你想要忘记的吗？另外，对于以前的一些记忆，你现在想起来已经彻底改变了看法吗？

九、晚上吃什么？

道具准备：任意。

练习提示：这段对话可以尝试用不同的语速来进行，看看不同的语速会让你感觉到什么变化。

A

晚上吃什么？

B

随便。

A

随便是什么？

B

就是随便吃什么都可以！

A

那就吃牛肉面。

B

牛肉面？

A

喝粥也可以！

B

喝粥？

A

咖喱？

B

你就永远搞不明白要吃什么。

A

是你不明白!

B

我起码明白不吃什么!

A

你就是还想吃汉堡吧?

B

走吧。

试试看：调研一下牛肉面、粥、咖喱和汉堡的营养成分。

第 2 章　开始和结束

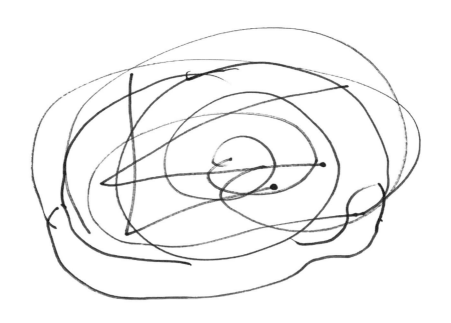

插图作者：孙艺睿

在这一章中我们将要正式应用戏剧的方式来演绎对话。什么是戏剧呢？英国著名戏剧导演彼得·布鲁克曾说："我可以选取任何一个空间，称它为空荡荡的舞台。一个人在别人的注视下走过这个空间，这就足以构成一幕戏剧了……"戏剧是现场的艺术，真实的演员在舞台上表演给在场观众看。既然如此，我们需要选择一个空间，你们可以在自己的教室里或者家中腾出一块空间作为明确的表演舞台（如果可以用带颜色的美纹纸胶带，把你选择的矩形舞台空间在地面上标记出来最好），在舞台的对面摆上椅子或者垫子作为观众席。好了，一个小剧场诞生了，给它起个名字吧！接下来每一段对话都将是在这个小剧场上演的一出小戏。

　　问题又来了，如何开始和结束一段对话的表演呢？

　　要怎么开始说第一句话？是从舞台的右边上场，还是左边？是一边走一边说，还是先在舞台某个位置上站好才开始？是直接开始讲话还是用一个动作，或是突然进入一段情节对话中开始？是以正常语速直接开始吗？这样的效果会是怎样的？你发现了吗，当我们用戏剧的方式来玩时，这个对话游戏开始变复杂了，对不对？没错，越复杂越有趣，游戏本身就是规则越具体，大家玩得才会越尽兴。接下来每一章的对话游戏难度都会升一级，希望大家做好准备。

　　在这一章开始之前，请先思考以下问题：

你首先要做的是什么？

说些什么还是做些什么？

接下来的对话内容又将会带你进入一个什么情境？

对话既有开始，也有结束。如何终止你的对话？

对话停止了，但是表演呢？

你是否考虑过使用一些行为来结束对话？

面部表情和肢体动作会不会比只使用语言更能进一步扩大你的表达张力？

概念导引游戏——"剧场中的规则"

既然是我们大家一起玩游戏，那为了演出更好地进行，观众更好地观看，我们先要把剧场的规则定一下。要想会玩接下来的游戏，大家要仔细听啊！

空间准备：

把教室空间划分为"镜框式舞台"，设定舞台和观众的位置，舞台空间的两侧要留有上下台空间。然后给我们的小剧场起个名字吧？比如，就叫"×××小剧场"。

剧场规则：

（1）观众和演员，"观众"是"观看者"，请不要放掉你可以观察到的所有细节；"演员"是"游戏者"，请不要忘记每一次游戏中的感受。

（2）设定小剧场中明确的开始和结束指令，例如明确的开场铃声和结束时观众的掌声。

（3）演出结束后有演后谈环节，可以分享游戏者的感受和观看者的发现，也只有这个时间，台上和台下才可以充分对话交流，其他的时间不得影响别人观看演出。

（4）在发言时，请拿到"麦克风"（可以用象征物代替）的人说话，其他人请保持倾听。

游戏要点：

走上舞台感受开始与结束。

游戏说明：

完成了小剧场的建立，以及剧场规则讨论后，接下来可以请所有同学在观众席落座，然后，每个人依次走上舞台，表演一个动作，这个动作既可以是表现自己的，也可以是模仿其他人的。然后结束下台，这时观众要为演员创造的舞台人物鼓掌喝彩。

注意事项：

（1）游戏者必须要考虑自己要如何上台，哪里是上台口或者下台口，在舞台上什么地方会让观众看起来效果更好；

（2）人物动作的设计一定是来自真实的生活观察，请不要故意搞怪、哗众取宠；

（3）观众要为每个同学所表现出来的人物而鼓掌喝彩，如果是哗众取宠的表演观众可以喝倒彩。并且观众要留意舞台人物何时出现又何时消失的，是什么样的举动让你有这样的判断，这也是大家讨论的焦点。

一、别怕黑

道具准备： 任意。

练习提示： 这一段对话里有一次突发事件，环境突然变黑了（突然停电了）。你们可以改变这个突发事件发生的时间点，看看突发事件时间点变化后，对话该如何继续？也可以反过来玩，一开始就在黑暗中对话，突发事件是变亮了（突然来电了）。

A

你怕黑吗？

B

黑有什么可怕的？

黑色可怕吗？

A

我是说，没有灯的晚上，

就你自己一个人在房间里。

B

为什么不开灯呀？

A

因为停电了。

B

那太好了，

终于可以好好享受黑夜了。

A

我讨厌黑暗，

在黑暗里什么都看不见了，

你就从来不怕吗？

B

我们就是从黑暗中出生的，

宇宙就是黑暗的，

你看看窗外星空多美呀，

有什么好怕的？

A

那是因为有光，

可是没有光的地方就会很可怕！

B

（手指着 A 身后的影子笑道）

哈哈，你害怕的就在你身后。

（突然停电了）

啊！什么情况？

A

终于你可以好好享受黑夜了。

试试看：可以在家里尝试与父母做一次黑暗里的光影游戏，看看谁能制造出更多的光影人物？

想想看：什么算是突发事件？生活中当遇到突发事件时，你会怎么办？

二、沉默

道具准备：两把椅子，直接坐在地板上或走动起来也可以。

练习提示：这段对话，你们可以尝试快速说出台词，然后马上回到开头，重新开始，一次比一次快，不断重复。也可以选择其中任何一句来作为开头，直到说完整段对话。在重复的过程中，加上变化的时间，例如，"我们已经在这里 31 分钟了，你还是一句话也没说"，下一次就是"32 分钟了"，以此类推。

A

我们已经在这里 30 分钟了，

你还是一句话也没说。

B

你也什么都没说啊！

A

你看吧，事情总是这样！

如果我不说话，就没人说话。

B

也不都是吧？

A

那你要说什么？

（沉默）

想不出来，是吧？

B

你想让我说什么？

想想看：如何在生活中开启一个话题？

三、再见

道具准备：任意。

练习提示：这段对话的时间、地点、人物没有任何设定，所以大家可以自由想象告别的情境。例如，是在电影院门口，还是在朋友家门口，又或是在户外营地？是什么时间呢？放学后，还是深夜 12点？他们是男孩还是女孩？周围有其他人吗？更重要的是，在对话开始和结束时你们的动作会是什么，是开口之前动作已经开始了，以及对话结束后动作是否还在继续？

A

终于，他们来了。

B

是的。

A

真好。

B

我很开心。

A

那再见了。

B

回头见。

A

好的，回头见。

B

嗯！

A

代我向乐乐说再见。

B

好的。我会告诉他的，说你喜欢。

A

回头见。

B

再见。

试试看： 观察生活中人们在说再见时，他们的身体动作是什么样子的，身体语言又在说什么？

四、滥竽充数

道具准备： 任意。

练习提示： 如果想交到新朋友，第一句话应该如何开始呢？是开始表演很久了，才开始说话吗？A 是真的遇到了问题，还是想要交到新朋友？

A

（观察了很久，终于开口）

你参加很久了？

B

什么？

A

你看起来很会唱歌。

B

你是新来的？

A

对，但其实我不太会唱歌……

B

其实合唱很简单，

你多来几次就知道了。

A

哦？真的吗？

我不知道什么时候张嘴。

B

站在你旁边的人开始张嘴了，

你就跟着张嘴就行。

A

可我听不到他的声音。

B

对，就是这样。

A

可这就是滥竽充数。

B

对！就是这样，

看起来很会唱歌的样子。

A

这样吗？

（假装唱歌，但没有声音）

B

你看，你学会了！

A

谢谢，

你是我在这里说话的第一个人。

试试看：加入一个从未接触过的团队，并去尝试交到一个好朋友。

五、喝一瓶

道具准备：任意。

练习提示：这一段对话的开始即结尾，结尾即开始，所以无论你是正叙还是倒叙开始这段对话都可以。如你所见，正叙开始这一幕时A的心情非常愉悦，但结束时变得很糟。该角色在短短的时间里经历了什么呢？如果是倒叙又会是怎样的？

A

来瓶汽水吧！

B

凉白开。

A

就一瓶汽水？

B

我要凉白开。

A

别这么扫兴，兄弟。

B

我就想喝凉白开。

A

这是毕业派对！

我们的成人礼！来吧。

B

我只觉得口渴。

A

别这样！大家都喝了！

这可不是喝凉白开的聚会！同学！

B

我不喜欢喝汽水，

就想喝凉白开！

A

汽水也很解渴的！

为啥这么扫兴啊？

B

一定要这样吗？

A

就一瓶汽水！

想想看： 在生活中如何拒绝一件你根本不喜欢的事？

六、悼词

道具准备： 任意。

练习提示： 接下来的这段对话是关于一个很沉重的话题"面对死亡"，但这是我们每个人从小就应该思考的一个问题。庄子曰：不知死焉知生？ 只有先认识到人终有一死，我们才能对生有更高的理解和领悟。这样的情景下，想想看要如何开场？例如：穿着丧服和送葬队从舞台一侧入场？还是伤心欲绝地在舞台上将自己蜷成一团？你可以表现得夸张一点。

A

它死了。

B

谁？

A

大黄。

B

哦！总算摆脱了。

A

你在说什么，

大黄可是奶奶送给我的！

B

她总是爱送一些奇怪的礼物。

A

大黄一点都不奇怪！

B

它很臭。

A

它不臭。

B

不臭才怪！

A

我爱大黄，

它又可爱又聪明。

B

聪明？那它怎么把自己害死了呢？

还是想想怎么处理一下吧！

烧烤应该不错！

A

想都别想，

我是不会允许任何人吃掉它的。

我要给它举行一场葬礼！

B

好吧！我会为它送上一首悼词。

"共惜长星落大荒，匣中龙剑敛光芒。

留连南陌新蝴蝶，辜负西川旧海棠。

憎命文章终寂寞，无情天地有归藏。

时空若许成穿越，诗卷携将访盛唐。"

想想看：在你的生活中有没有面对过死亡？是身边亲人的离世，还是心爱的宠物去世？当时的你是什么样的心情？可以细写下来。如果可以跟逝去的他／她／它说一句话，你将会说什么？

七、立春

道具准备：一张餐桌、两把椅子。

练习提示：这一段对话中有两个开始的时间，一个是显性的物理时间，另一个是隐性的心理时间。你们可以通过不同的人物来感受不同的时间感，甚至是非人类角色，例如：两只生活在森林中的黑熊，要知道北方的黑熊是需要冬眠的动物。

A

今天吃点儿别的。

B

为什么？

A

因为今天立春呀。

B

可是我还是觉得很冷。

A

冬天已经结束了！

B

我看这场雪可没打算结束。

肉汤配雪多好！

A

春天已经开始了！

就在今天！

B

我怎么一点都没看出这样的迹象？

A

可我心里的春天已经开始了。

试试看：是否观察过立春都会有哪些迹象？可以尝试在立春时种下几颗种子。

想想看：物理时间和心理时间哪一个更重要？

八、从前有座山

道具准备：任意。

练习提示：这段对话来自中国民间故事《从前有座山》，这个故事中蕴藏着一种讲故事的逻辑，而且更有趣的是，这个故事本身（一个单纯事件）同时承担了"起因""过程"和"结局"三者的功能，形成了一个自循环系统。接下来大家可以尝试按照这个故事的叙事逻辑，自己创编一个新的故事继续讲下去，同时不要打破它的自循环系统。

A

从前有座山，山里有座庙，

庙里有个老和尚正在给小和尚讲故事。

B

讲的是什么故事？

A

讲的是，

山里有座白庙，白庙里有只白猫。

白庙外有顶白帽，白猫看见了白帽，

叼着白帽跑进了白庙。

看见了，

庙里的老和尚正在给小和尚讲故事。

讲的是什么故事？

该你了。

B

讲的是……

试试看：尝试把《从前有座山》这个故事里的叙事逻辑讲清楚。

第 3 章　地点：在哪里？

插图作者：F·π 剧场学员（匿名）

本章的重点是对话的地点和场景。虽然之前我们已经有所接触和设想，但是如何让观众更真切地感受到这个场景呢？这一章，我们将会学到剧场艺术创作的重要方法之一——假定性。想想看，在剧场里，长凳可以当作小船，桌子可以当作岛屿，空空的舞台可以突然狂风暴雨，也可以瞬间变成一望无际的沙漠。在戏剧舞台上的物理空间中，这些是如何做到的？我想你们已经猜到了，可以通过舞台上视听设计和演员的表演来构建场景。但是一定有同学会问，电影也有视听设计和演员表演呀，那它们之间的区别在哪里呢？最关键的区别就在"假定性"这三个字上。

电影是一帧帧画面连续播放呈现在屏幕上的，你在任何时间暂停都可以看到一幅完整的画面，这幅画面是电影创作者们头脑中想象的完整呈现。而戏剧完全做不到这一点，由于受到舞台物理空间的限制，舞台场景的呈现无法像电影画面那样自由，例如在舞台上要表现惊涛骇浪中艰难前行的渔船，却很难将真实的水和渔船搬上舞台，当然舞台也并不是完全实现不了，但是当下一幕将要上演船舱中正手把着舵盘的船夫时，又该如何转换场景呢？

所以，"假定性"成了戏剧创作中一个关键手段，也就是假设这空空的舞台就是海洋。那问题又来了，如何假设才能让观众知道呢？举个简单的例子，大家都看过我们中国的写意山水画吧，古人画水时只是描绘水中的鱼，空白处就成了水；表现山间的风，只需画一面飘动的酒旗，风就在你的脑海中出现了；山间的云更是如此。再如我们的书法也是如此，在米字格中的一笔一画，是黑与白、实与虚之间的平衡，更是对空白的分割。在我们东方的美学里更注重的就是对空白部分思考，对应空的舞台空间也是如此。一场完整的戏剧演出是需要观众们打开自己的想象，与表演者一起来完成的。所以，"假定性"在某种意义上来说是对舞台留白空间的想象与思考，你选择什么放置于舞台空间来完成假设，它就像是一个记忆代码，当观众看到它时，那些空白的空间一下子就被他们脑海中想象的画面填充了。所以人们常说，"此处无声胜有声"。

戏剧创作者和表演者必须遵循特定的代码。例如，我们站在北极冰川之上。我们可以很简单地在地面上标记"北极"的符号或文字来做假定性的北极场景，当然你们也可以选择更有创造力的方式。但关键的是，作为剧场创作者，你们需要让"代码"始终保持一致。想象一下，如果你刚刚从标记北极的"冰面"上小心翼翼地离开，生怕滑倒，然而，就在一分钟之后，另一个表演者就漫不经心地跑过这里，就好像那儿没有冰面一样。这是一个典型的破坏代码的示例。假定性的舞台代码是要靠所有表演者共同建立起来的。只有赋予了这些对话一个明确的场景，明确各个角色身处何处，这样才能帮助观众更好地理解角色说的话。

另外，即使没有任何舞台布景，我们还可以通过表演来创造场景。例如默剧，表演者可以通过肢体表演让观众清楚知道人物在哪儿、正在干什么。想想看，想让观众们知道进入了室内，你只需要表演脱掉外套；表现身处冰天雪地的户外，你只需要一边搓着手一边对着它哈热气。作为表演者，你需要尽可能想一些在生活中有着明显特征的动作来说明自己身处何地，是在餐厅里、火车站、飞机场，还是轮船上等。当然，也可以创造一些抽象的场景，比如在某人的心里，在鲸鱼的肚子里，或者是微观世界的场景，都是可以的，但是无论怎样你们必须要考虑到，如何让观众也明白你们表演的场景到底是哪里。

比较理想的是用灯光创造一种中性氛围，比如用两盏聚光灯将表演区域打亮，并且在舞台或表演区域周围挂上黑色幕布。借助中性的布置风格，能使观众更容易发散想象力，但最终还是要靠表演来让观众相信，他们是正身处波涛汹涌的海面，还是正站在 20 层楼的阳台中。

在开始对话之前，试着记录你关于地点的描写，从三个层次入手：

（1）所见方位扫荡式描写；

（2）加入色彩、声音、气味等感官感受描写；

（3）环境对你自身行为的影响描写。

还可以尝试，在不同地点多次进行同一段对话。

概念导引游戏——"地点接力"

游戏要点：

用表演创造隐形物，让一个无形的地点变有形。焦点集中在所选定的地点以及与地点有关的所有物品上。

游戏说明：

熟悉隐形物的同学应该不难了解"地点"游戏。放把椅子在小剧场的舞台上，接下来在剧场游戏中除了用来坐的椅子是真的以外，其他的道具都是隐形物，而你们必须把隐形物当成实体一般看待，即它们也占有（隐形的）空间。"记住，物体是在空间里，不是在你的想象中！"做一次示范：走到隐形书桌前，打开一个抽屉，拿出一支笔，在桌上写写画画，然后，走去打开隐形窗户，等等。大家明白规则之后，然后分组，每 10~15 人一组，每组自行决定一个"地点"。第一个人上场，在空间里用表演的方式"找出"一个属于这个"地点"的东西，然后离开；接下来每一个上场的人都必须使用或接触前面的人所"找出"的所有隐形物，然后再加入一个与此"地点"有关的新东西。比如：第一个人找出一个盥洗台；第二个人洗洗手，再加入一个擦手毛巾，或者找出一个置物架上面放着护手霜；下一个人打开一扇隐形门去到另一个房间。以此类推。每个表演者做完之后，在下一个人上场前离开。

注意事项：

"地点接力"的其他可能场景：超市、火车站、机场、医院的候诊室、街道、海滩、教室、画廊、餐厅，等等。不同的地点、地域和时代，要有不同的安排与思考。

好了，祝大家玩得开心！

一、别动

道具准备：任意。

练习提示：这段内容毋庸置疑是两个人正在玩游戏时的对话。关于地点在哪里，你们至少可以想到两个方向，一是两人在户外玩着假装的游戏；二是两人在室内正玩着游戏机。无论哪种都请将你们设想的场景描绘出来，越具体越好。

A

别动！

B

什么？

A

别动！

你身旁有一条蛇。

B

啊！

A

你别动，会被发现的。

B

天哪，它在哪里？

我感觉不到我的脚趾了。

A

它现在在你的屁股上。

B

啊，怎么办？

A

别动！

B

它万一是毒蛇呢？

A

你可以放个臭屁把它熏走。

B

可我现在没有想要放屁的感觉。

A

保持别动，

这是你唯一能做的。

B

这就是一个游戏，

不用真的一动不动吧?

A

耶，你中弹了。

我们赢了。

B

我俩不是一队的吗?

A

对不起，我是卧底!

试试看：观察生活中的一个场景，并将你所见之处尽量全面、如实地描写出来。

二、你的手在抖

道具准备：任意。

练习提示：这段对话有可能发生在任何场景，试试看你们能找到多少种场景，从而又能编出多少个不同的故事。

A

你准备好了吗?

B

马上。

A

快一点，快来不及了。

B

我知道，你越催我，我越慌。

A

有什么好慌的？

这是你自己选的。

B

可我还是很紧张！

A

别这样，淡定，

要不你吃块儿巧克力，

缓解一下。

（把巧克力递给B）

B

你的手在抖。

A

你也开始抖了。

试试看： 在场景描写中加入颜色、声音、气味等感官感受的描写。

三、还是聊到这里了

道具准备： 任意。

练习提示： 在这段练习中可以安排 A 和 B 远离彼此坐着。但他们到底在哪儿？又是处在什么时间？他们已经坐很久了吗？他们是在野外露营、沙漠旅行，还是在家？两人在缓解争吵后的尴尬吗？或者它们只是两朵长在火山口的蘑菇？还有更多的可能，展开你们的想象吧！

A

天气真好！

B

嗯，确实不错。

A

昨天太冷了。

B

是的，昨天我们都冻成冰棍儿了。

A

幸亏今天出太阳了。

B

是的，感觉好多了。

A

但明天还会降温的。

B

这也是没办法的事，

不降不行的，

会很危险……

A

是呀，就是太冷了，

我们又会变成冰棍儿。

B

太热也不行！

A

当然，会脱水的。

B

所以来根冰棍儿……

A

还是聊到这里了？

试试看：回忆一下某种环境对你自身行为的影响，然后写下来。

四、热

道具准备：任意。
练习提示：只用动作来表现你们到底在哪里？

A

你得放松。

B

我已经热得就要火山爆发啦。

A

想象自己在冰箱里。

B

好，放松，放松……

（沉默）

我这个冰箱里还是很热。

A

别一直说"热"。

B

但我确实好热。

A

这样你会觉得越来越热的。

B

你不热吗？

A

当然热。

B

我说吧！

试试看：描写一下你最热的体验。

五、时间线

道具准备：任意。

练习提示：你们可以在舞台空间中，用粉笔或者地标贴等形式，把你想象场景中的时间线画出来。另外，需要怎样的肢体动作来表示这个特殊的场景呢？

A

你怎么停下来了？

B

啊？我没有。

A

你完全定住了。

B

我感觉我还在艰难地向前走，

前面很黑。

A

等一下，

难道你踩到了时间线之外？

B

不会吧！

我们一直在沿着时间线走啊！

A

我需要检测一下，

你现在千万别再动了，

如果你真的走到了时间线之外，

那你会成为时间流浪者的。

B

时间流浪者是什么？

A

那就是时间里的幽灵，

哪儿也去不了，

只能游荡在时间里，

靠捡被浪费掉的时间活着……

虽然现在很多人浪费时间，

也许你总能捡到，

也许你会越来越富有，

可是只要在时间之外，

你就永远不能回家了……

B

你安静一点，别紧张。

（沉默）

A

哎，这是什么？

你打开了你的全息人像！

B

啊！什么？

A

好了，虚惊一场，

这只是你的全息投影①。

所以你根本没跟紧我？

试试看：这段对话中的时间线到底是什么，试着完善整个故事。

六、李白与杜甫

道具准备：唐代酒杯，有条件的话表演者可以换上同时期的服装。

练习提示：这是一段想象出来的古人对话，你们需要提前了解一下唐朝的酒桌礼仪，并运用到对话中。同时这段对话里出现了多处不同的地方，分别是哪里？地点与地点之间的转换又该如何处理？一个流动的场景如何表现？可以用表演来完成场景的转换吗？

---

① 一项利用干涉和衍射原理记录并再现物体真实的三维图像的技术。（编者注）

李白

子美贤弟，天宝三载一别，

终又能一起共饮啦！

杜甫

太白兄，甚为念挂着与你同游山水。

无奈"致君尧舜上，再使风俗淳。

此意竟萧条，行歌非隐沦……"①

李白

懂得，懂得！

"沧海之银宫焕烂，安足翱翔？"②

但今日先不谈这些不快之事。

来来来，先满上，喝了这杯酒。

杜甫

兄，酒真能忘忧？

李白

"举杯浇愁愁更愁……"③

杜甫

何不吟那句——

"呼儿将出换美酒，

与尔同销万古愁！"④

李白

哈哈哈，子美懂兄！

---

① 杜甫《奉赠韦左丞丈二十二韵》。

② 李白《明堂赋》。

③ 李白《宣州谢朓楼饯别校书叔云》。

④ 李白《将进酒》。

（两人畅饮、游历山水，时间转瞬，又到了分别的时候）

杜甫

"秋来相顾尚飘蓬，

未就丹砂愧葛洪。

痛饮狂歌空度日，

飞扬跋扈为谁雄？"①

李白

"醉别复几日，登临遍池台。

何时石门路，重有金樽开。

秋波落泗水，海色明徂徕。

飞蓬各自远，且尽手中杯。"②

（就此二人再没相见，李白因思念杜甫写出诗句）

李白

"我来竟何事？高卧沙丘城。

城边有古树，日夕连秋声。

鲁酒不可醉，齐歌空复情。

思君若汶水，浩荡寄南征。"③

试试看：据记载，李白与杜甫一共有过三次见面，你们可以去调研一下分别是哪三次，在哪里。

---

① 杜甫《赠李白》。

② 李白《鲁郡东石门送杜二甫》。泗（sì）水，水名；徂徕（cú lái），山名。

③ 李白《沙丘城下寄杜甫》。

七、外卖 / 索唤

道具准备：任意。

练习提示：本段对话中有两个场景，在练习中，你们可以邀请更多人加入一起来创建场景，比如第一个上课的场景，就可以有人扮演老师，一些人扮演同学；第二个场景中，他们还可以扮演宋代街道上的路人与外卖小哥等。难点在于场景转换时，应该如何设计，如何让变化看起来更自然？

A

好饿啊！

现在好想点一份外卖啊！

B

现在？我们可是在上历史课。

A

古代人真可怜，都没有外卖可以点。

B

谁说的，宋代就有啦。

A

你就别编故事了。

B

真的。

（一阵风吹来，书被吹得呼呼作响，两人一下竟"穿越"到了宋代。）

A

发生了什么？

B

快看，这里是宋代。

A

你怎么知道？

B

那是宋代的外卖小哥。

A

我觉得你又开始吹牛了。

喂，外卖小哥！

你看，根本没人能听懂。

B

这你就不懂了吧，

古书记载：百姓入酒肆，使令买物命妓，取送钱物之类，谓之"闲汉"。

逐时施行索唤，咄（duō）嗟（jiē）可办。

A

索唤！喂，闲汉！

快看，他真过来了。

B

你想吃点儿什么？

A

那我需要看看菜单。

试试看：调研宋代散文《东京梦华录》里"索唤"和今天的外卖有哪里相同，有哪里不同。并尝试了解"闲汉"当时的生存状况与社会角色。

第4章 人物：我是谁？

我

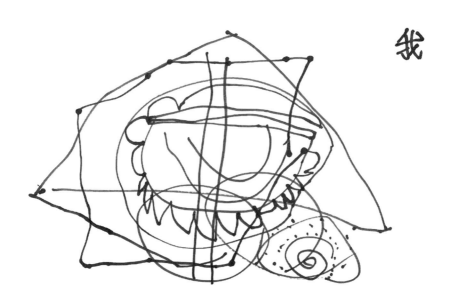

插图作者：F·π剧场学员（匿名）

在我们所有的对话中，都有两个或两个以上的角色，每个角色都有其自己的特点。是男是女？多大年龄？做什么职业？性格如何？虽然之前我们已经部分探讨过这些问题，但是这一章我们将更加系统而深入地展开。记住，对话内容虽然是固定的，但角色特点则完全取决于你的演绎。

在开始研究角色前，你需要遵循以下流程：

（1）通读两遍对话内容（全文）。

（2）设定角色的基本信息：姓名、性别、年龄、属相、星座、职业……

（3）把角色的特点分别写下来。人物性格：活泼、安静、自信、自卑、害羞、暴躁等。人物会有什么样的习惯：走路的姿态、面部的表情等。还有什么爱好，以及口头禅，等等。这些人物特征都会因为不同的职业与生活习惯设定而发生改变。你们需要在对话的一字一句中去寻找，也许下一句话，你就会发现人物的另一特点或个性。

（4）要记住，如果你想强化其中一个角色的特点，也会对另一个角色的反应产生影响。两个角色都是相互映照的，即使是性格截然相反的，偶尔也会在最后变得非常相像。总之，一个角色的变化，必将影响另一个角色，你需要对两个角色同时考虑。

（5）为了让你设计的人物更加真实，尝试记录下你见到过的不同人物特点，同时模仿他们。

（6）先试演一下，问问观众，你表演的人物给他们的印象是否清晰。

（7）反复练习，然后当你确定你已经通过彩排对角色了然于心的时候，就可以正式为观众呈现了。

要知道记忆是属于大脑的，如果在创造角色时只靠记忆，就会限制全身对突发事件的反应。经验是一种鲜活的过程，无法经由记忆来重建。在舞台上回归你当下的真听、真看、真感受，当它们和你要塑造的人物的经验重合时，你的表演就自由了。

概念导引游戏——"你多大年纪了？"

人是在行为中显露出身份的，不是只靠嘴巴来介绍自己。演员必须通过和其他演员的关系来展现他们是谁。生活中更是如此，真正想要了解一个人，是要去看他做了什么，而不是他说了什么。接下来的游戏我们要尝试的就是如何不靠言语而展现出自己，做出来，不要用说的！

游戏要点：

表现出你所设定角色的年龄，给他／她初步的定位。

游戏说明：

选一个简单的地点，比如街角的公交车站。在舞台上放几把椅子当作公交车站的长凳。你们要将焦点集中在自己所选择的年龄上。如果时间有限，可以让五六个同学同时在车站等车，不过，他们彼此之间不能有任何语言沟通。

注意事项:

（1）请不要表现同龄人，尝试表现与自己年龄跨度大的人物。

（2）很多人会依赖角色的性格做角色扮演，除此之外更重要的是人物的身体形态。

（3）我们的记忆中其实储藏着无数不同的角色，重现年龄就是向这个广大的"储藏室"发出讯号，等要点发挥作用之后，隐藏的记忆系统就会派上用场了，这个"储藏室"便会把一些适合我们身体的角色特征浮现出来，让生活中的资料自然显现。

（4）当然这个游戏也有助于你们了解上了年纪的人有哪些困难与需要。

一、点餐

道具准备: 用卡纸做一份餐厅菜单；一张桌子和一些椅子。

练习提示: 这一段对话可以把焦点集中在这位点餐的人到底会是谁上，他／她是做哪一行的？当然你们也可以改变餐厅的背景设定，为何餐厅的菜名都那么奇怪？如果餐厅的设定变化了，那人物又将会是谁？

A

服务员，你好，点菜！

B

来了！请问您要吃点儿什么？

A

今天有什么推荐菜吗？

B

（指着菜单）

推荐菜，都在这里。

A

哦！

（短暂的沉默）

B

所以……您需要点什么？

A

大份烤鸭！

还有两个包子、

宫保鸡丁、番茄炒蛋……

B

（拿回菜单，仔细查看）

我们菜单里没有这些菜。

A

但是我就要这些。

B

抱歉先生，我们确实没有这些菜，

而且您一个人吃这些也太多了。

我推荐你点一份霹雳火套餐。

A

什么？请让笑笑过来，

我每次来这里，

她都知道我要吃什么，

比我自己都清楚。

B

啊？我们餐厅没有叫笑笑的服务员，

（沉默片刻）

我知道了，我想您要的就是大份"嘎嘎鸟"，

两个"能量球"，一份"量子纠缠"，

以及"火山二向"，对吗？

A

你看，你也知道了。

B

但是，我还是觉得您点多了。

试试看：观察人物练习，注意观察生活中不同的人物，并找到他们的不同之处，比如声音、说话的习惯、表情、穿着打扮、走路的姿势。然后记录下来，或者画下来。

二、拍照

道具准备：任意。

练习提示：这段对话中两个人物是彼此熟识的，还是刚刚认识？他们的职业是什么？年龄、性别，又是什么？

A

你需要跑起来，

健身房又不是拍照的地方。

B

我知道，

拍完这张，我会跑的。

A

没有什么可拍的。

B

我需要记录自己运动后的变化。

A

可你刚来两天，现在什么变化都没有，

除了你的衣服。

B

我现在不拍，等有了变化怎么看得出来？

A

你说的是修图的变化吧？

B

不好意思，你入镜了。

A

我在镜头里变化应该很大吧？

B

我怎么知道你的变化？

你之前没有拍照吗？

A

没有！

B

你看我说吧！

我要开始健身了。

试试看：拍照或者自拍时哪个角度可以展现你最好的一面？

三、你穿的是制服吗？

道具准备：工作服或其他衣服。

练习提示：正如题目所示，这段对话的焦点是对制服的解读，在什么样的场合才要穿制服，或者把制服理解成统一的服装，校服、队服、病服、工服、警服、军服，等等，这种服装是角色身份的象征，你们可以尝试变换制服的各种可能来探讨人物。

A

你为什么整天穿这件衣服？

B

我只有这件衣服，

他们把所有的衣服都拿走了。

A

为什么？

B

我不知道，这是规定，

那些穿着制服的人定的。

A

可是你也穿着制服呀。

B

这是制服吗？

这是我的工作服。

A

工作服也是制服啊，

穿上制服的感觉很威风吧？

B

工作服没什么好威风的，

那群穿制服的人才威风，

我们都要听他们的。

A

对，那些穿制服的就是这样，

感觉所有的人都会听他的。

走在街上来回巡逻，

以为可以拯救所有人！

B

没那么简单。

A

和这个聊几句，

和那个聊几句。

B

要做的事很多。

A

比如？

B

这会儿我该回去了，

穿制服的人来了⋯⋯

A

你就不能出来玩一会儿吗？

B

我不能出来。

A

因为你没有那身制服吗？

等着，我看我爸有一身，

我明天这个时候给你拿过来，

这样你就能出来和我玩儿了。

试试看：去调研一下，学生为什么一定要穿校服上学，这里面的历史背景又是什么？然后尝试设计出你心目中最好看的校服。

四、成为他们多好

道具准备：任意。

练习提示：这段对话可以打开你们的想象力，试着想象"他们"是神话中的人物，例如《山海经》里的角色，甚至是怪兽，关键是肢体动作如何更接近你所想的角色，比如他们是如何走路、如何说话的。

A

为什么要天天练，太苦了！

B

这样才可以成为他们！

A

为何非要和他们一样呢？

我宁愿就这样。

B

成为他们多好呀。

A

哪里好了？

我觉得现在也挺好。

B

眼界不一样，

站着看这个世界，

和趴着看是不一样的。

A

可是世界没变呀！

B

世界在你眼中变了呀！

A

我还是搞不懂，

有什么区别？

我对我现在这样其实很满意。

试试看：如果你创造了一个神话人物，那就试着把它的形象画出来。

五、牙刷

道具准备：任意。

练习提示：这一段对话中的角色会是谁？想想动画片中的角色。

A

请问你这儿有牙刷卖吗？

B

有的，就在牙膏旁边。

A

牙膏在哪儿？

B

那边，在你左手边。

A

哦，这些吗，这些是什么？

B

牙刷啊。

A

哈哈。这怎么可能是牙刷？

它能刷到牙齿吗，这也太小了！

B

牙刷就是这样的。

A

就没有适合我的牙刷吗？

要不你看看我的牙齿，

帮我推荐一下。

B

不不不要……

A

你看看吧。

（A 展示着他的牙齿）

B

哟！别……

您的牙齿还真是奇特！

请把嘴闭上吧！

A

看到了吗？

B

我觉得你应该找牙医！

你的牙不是一把牙刷能解决的。

A

我只是需要一把适合我的牙刷！

牙刷能解决所有的问题！

B

很遗憾，我想我这里没有适合您的牙刷。

你，呃……

就待那儿行吗？

A

你什么意思？

我又不会吃了你！

算了，别费劲找牙刷了，给我拿包糖吧。大包的。

B

您真觉得您该吃糖吗？

那个……牙齿都成那样了……

A

（打断 B 说话，大叫着）

拿包糖！

B

好的。

试试看： 调研一下，一天刷几次牙，每次刷牙达到多少分钟，才能真正地清洁牙齿？

六、循环

道具准备：一个垃圾袋，几个垃圾桶。

练习提示：B 是一个现实生活中的人物，他是做哪一行的，他的生活习惯是什么样的，使他会有这样的思考？

A

你在垃圾桶前面已经很久了！

B

嗯，我在思考。

A

思考？

B

豆腐猫砂到底是干垃圾还是湿垃圾？

A

猫砂是干垃圾啊！

B

膨土砂的猫砂肯定是干垃圾，

可这是豆腐猫砂，

而且里面有猫屎和猫尿。

A

只要是干的，就是干垃圾。

B

我不确定它们是干的，

这两天猫的肠胃不好。

A

那你就把湿的铲出来。

B

可是豆腐猫砂，它是豆腐做的，

你想如果真的有一块豆腐被剩下了，

是要倒进厨余垃圾里的。

可厨余垃圾如果用来喂猪，

让猪吃猫屎、猫尿不好吧?

A

反正都是循环，猪也不会介意的。

B

你怎么知道猪的想法。

A

我不关心猪的想法，

我只关心你到底要不要倒垃圾?

B

我必须要想清楚，

猪吃了厨余垃圾，会排泄，然后成为农作物的肥料;

干垃圾暂时还很难被回收利用。

A

你就随便选一个吧。

B

那怎么行呢?

我还是再学习一下垃圾分类吧!

想想看：为什么垃圾一定要分类? 垃圾还有什么用途?

七、太骄傲了

道具准备： 任意。

练习提示： 这段对话中的人物分别有怎样的性格与态度？不同的性格与态度是否说话也会不一样？

A

你怎么连这个都不会？

B

我已经学会四季豆烧排骨了。

A

可你还不会最简单的番茄炒蛋。

B

你都说是最简单的，我怎么可能不会？

A

光说不练，是不行的。

B

这个菜就不用练，

谁不会做个番茄炒蛋啊！

A

要能把番茄炒蛋做好吃，

可真没那么容易，你可别小看这道菜，

火候、先放鸡蛋还是番茄，都是有讲究的。

B

放心，以我这种做饭的资质，

肯定没问题。

A

你太骄傲了！

做好一道菜是需要付出时间的。

B

时间不能说明问题，

做饭这种事，关键靠的是味觉的天赋！

A

我看你呀就会吃，

现在饭都煮好了，

你怎么一道菜都没做好呀？

B

看来时间出了点儿问题。

试试看：尝试学做一道可以让你引以为傲的家常菜。

八、"遗愿清单"

道具准备：一张纸。

练习提示：这段对话中关于"遗愿清单"的内容是缺失的，所以需要你们补充上再开始对话。当然不要忘记先设定好人物，最好设定两个人物的性格是有鲜明差异的，看看他们各自想要去做的事会是什么。

A

这是什么？

（捡起一张纸读了起来）

（1）去帮助一个需要帮助的人……

（2）好好吃一顿法式大餐……

（3）……

B

快点还给我。

A

这是在地上捡的，我哪知道是你的。

B

这是我写的"遗愿清单"。

A

你为什么要写这个？

B

以后不要随便看别人的东西。

（一把抢过 A 手中的清单）

这是一位哲学老师曾经布置的思考作业，

假如下个月就是你生命的尽头，

你会写下一份怎样的"遗愿清单"？

A

真是奇怪的老师，

干啥让人思考这个！

B

这会让你时时刻刻都保持生命活力。

A

活力？我觉得很晦气。

B

你真应该试试思考一下！

A

思考什么？我将要死去？

我干啥这样想？我疯了吗？

B

只是一个假设，

如果我们的生命只剩下一个月的时间，

你会做些什么事？

A

如果是我，

我会……

试试看：不妨也想想看，你的"遗愿清单"会是什么？把它写下来。

九、大鱼

道具准备：任意。

练习提示：这段对话节选自舞台剧《老人与海之双勇士》[1]的剧本，对话中有三位老人，但他们都是老人"圣地亚哥"，他们分别代表着人物的三种不同面向。所以接下来，需要你们找出这三种面向到底是什么？他们会不会性格不同，有没有性别差异？说话方式、身体动作又会是怎样的？三个人同台演绎一个人物，那么他们的共同性又怎么体现？另外，你也可以尝试一个人表演出人物的三个面向。

老人（A）

来啊，转过身来，闻闻它们的味道，

很美味对吧，吃吧，好好吃吧，别害羞，吃掉它们吧。

---

[1] 《老人与海之双勇士》是本书主编于2017年编创的舞台剧，该剧是对海明威《老人与海》小说做的重新解读。

老人（B）

让它把鱼饵吞下去吧。

老人（A）

没动静了，哎，可惜，它走掉了……

老人（C）

不可能，它不可能走掉，它是在转身。

老人（A）

它以前一定上过钩，记得那是怎么回事。

老人（C）

它只是转身，它会把鱼饵吃掉的，别着急。

老人（B）

嘘，吃了，吃了，它在下沉。

（这时绳子猛地往水中又一沉，

大鱼咬钩，绳子从老人手中飞快地滑出……）

老人（A）

天，它很重。

老人（B）

好大的鱼啊！

老人（C）

快把那根鱼线系上，放线，快放线……

（又一次猛地下沉，大鱼往下游，老人放线，

同时用左手把线系在旁边备用的两卷线上）

老人（B）

如果持续这样，它可能会沉入海底送命的，我们就白忙了。

老人（A）

我必须做些什么……

老人（C）

慢慢来，让它好好吃，最好把鱼饵整个吞下去。

［老人（B）想要拉绳子］

老人（C）

等等，再等等……

（时机到了）

一二三拉……

老人（A）

不好，我们正在被一条鱼拖着走。

老人（B）

可以把绳子绑在船上。

老人（A）

它会挣脱的，那个小棍子怎么承受得住这种力量。

老人（C）

我们成了缆桩，感谢上帝，它在向前游。

老人（B）

感谢老天爷。

试试看：请阅读文学经典《老人与海》全文，尝试找出老人"圣地亚哥"更多的人物面向。

第 5 章　信息：对话中隐藏的秘密

插图作者：F·π 剧场学员（匿名）

戏剧中，每一段对话的背后都隐藏着很多层次的信息，它承载着一个个精彩的故事，现实生活中大多数对话也是如此。那么戏剧中的对话和生活中的对话，它们之间的区别是什么呢？最大的区别在于对话中隐藏的信息，一个是已知的，而另一个是未知的。

演员们在走上舞台表演时，他们早已熟知剧本内容，知道每一个角色将要说的话，也知道接下来故事将要发生什么。而生活正好相反，完全未知，我们不知道每个人将要说什么，也不知道事情将会怎样发展，这正是生活迷人之处，每一天都是全新的。所以，演员要做的就是还原真实的角色，让戏剧看起来就像生活中一样，但情节发展完全未知。人们总是会被那些出乎意料的情节故事所吸引，这也是故事的魅力所在。

我想你们已经猜到了，在本章中我们游戏的焦点是隐藏于文本背后的那些秘密。我们所提供的所有对话内容，可以说是介于已知和未知之间的，虽然有台词，但是对话中的前因后果都没有，甚至人物到底是谁也都不确定，需要你们将它们一一解密。

首先，你们可以从现有台词中提供的基本信息入手，例如之前提到过的"地点在哪里，人物是谁，年龄多大了，以及人物之间有什么关系"，等等。

然后，更进一步思考和感受，人物见面之前是否受到了什么事情的影响？人物 A 对 B 是否有什么不满？他们之前发生了什么？他们想对彼此说什么？为什么要说这句话？这段对话背后是否还有别的意思？话里的目的是什么？是带来了什么新的信息？或者只是毫无意义的对话？又或者是转向另一个特定的话题？说到这里，作为小侦探的你们是不是已经知道了，本章"对话中隐藏的秘密"是对人物过去的经历和未来动机的探寻。

好了，让我们开启这一章的旅程吧，也许你会发现原来生活中每一段对话背后都是有原因的。

概念导引游戏——"发生了什么事？"

开始之前，我们可以先讨论几个非常简单的问题：

A

你通常到厨房里去做什么？

B

做个鸡蛋炒西红柿。

倒杯水。洗碗。

A

到卧室去做什么？

B

睡觉。

换衣服。

A

在客厅呢？

B

看书。

看电视。

如此讨论下去，我相信我们会达成共识：不论我们身在哪里或是做什么事都有一定的理由，舞台上的演员也是如此。但是，我希望你们不要带着已知的状态来玩这个游戏，不要把"事件"跟事前预设的情节或故事搞混，事件是过程不是结果。想象一下，如果在足球比赛开始之前，就预先知道哪一脚球进门，哪一球是界外，那么比赛（故事）的乐趣就丧失了。"地点""人物"和"事件"只是用来铺陈一个游戏范围，让游戏在其中进行。譬如踢足球："地点"就是矩形球场；"人物"就是前锋、中传、后卫、守门员；而"事件"就是比赛的活动，传球、接球、组织射门等。当比赛开始时，参赛者们要点是"眼睛盯着球"，沉浸其中及时反应。剧场游戏跟踢足球一样。

游戏要点：

传达出你刚刚在舞台外做了什么。

游戏说明：

一个游戏者走进来，穿越舞台空间，然后离开。不说话也不用多余的动作，但是必须传达在进场之前他在做什么。待观众猜出来以后，再换另一个游戏者进场，传达另一项活动。游戏进阶：除了传达进场之前自己在做什么以外，你也可以传达出场后打算做什么。

注意事项：

（1）将讨论的焦点全部集中在游戏的要点上，只有刚才发生或是待会儿要去做的事才是重点所在。

（2）玩第一轮的时候可以尽量简化所要传达的活动，例如，在室外铲雪。

（3）等到第二轮练习时，就可以将活动建立在人际关系上，例如，与朋友吵架、刚完成了工作面试、得知了一个坏消息，等等。

（4）不要忘记"做出来，不要用说的"！

一、小心

道具准备：一个盒子。

练习提示：A 说话前也许在努力克制着气愤的情绪，甚至有一点阴阳怪气。B 一直在对话中退让，或者毫不在意。尽量多尝试不同的可能性。最关键的是去设想一下，在对话开始之前，他们都经历了什么？

A

你干啥把盒子放在这儿？

我刚才就被绊倒了，差点儿磕到脑袋。

B

哦，对不起，

你小心一点。

A

我已经很小心啦。

B

我一会儿就去扔掉那盒子。

A

如果你想要留着它，

以后还是放在别处吧。

B

好的。

A

哦，对了，你能不能挤完牙膏记得把盖儿盖上，

哪怕就一次也好？

要不牙膏前面一截总是硬的，

而且这样也很不卫生！

B

好的！没问题！

如果你别碰我的模型就更好了。

试试看：收集记录一下你家人、室友或同学对彼此生活习惯的建议，然后找一天大家一起将它们念出来。

二、什么都看不见

道具准备：任意。

练习提示：这段对话中的人物是一对母女／母子吗？谁是母亲，谁又是孩子？甚至可以尝试调换角色进行练习。在这段话里 A 隐藏在她语言背后的目的很明显，最后她的目的达成了吗？另一个人物 B 的目的是什么，他／她之前的生活会是什么样的？之后呢？

A

你都坐一天了？

B

也没地方去啊。

A

没地方去，可以打扫卫生啊！

B

为什么？不是很干净吗？

A

这房间已经乱成这样了，

你看不见吗？

B

看见什么？

A

你看这里，这是一摊油渍吧，都干了……

B

不，这是一个全新的印花。

A

那这里呢？乱成一团的桌面……

B

不，这里全是阅读的痕迹。

A

还有这里，一地的头发……

B

真的吗，我掉头发啦，我怎么什么都看不见？

A

不，我才什么都看不见！

除了一个不爱卫生的人！

（拿一面镜子放在了 B 面前）

B

不，这是一个认真生活的人。

试试看：为自己的家进行一次大扫除，过程中看看能发现多少平时没有注意到的很脏的地方？

三、你喜欢上学吗？

道具准备：任意。

练习提示：这段对话很简单，所以需要大家在开始之前先给每个人物设定好目的，比如，A 是想要给 B 补习功课的，或者是想知道学校里哪门课更有意思，等等；B 的表演可以尝试，以非常诚恳坚定的态度开始对话，随着对话的进行看看会不会有所变化？

A

你喜欢上学吗？

B

很喜欢。

A

喜欢上课吗？

B

特别喜欢！

A

你真棒！

喜欢语文还是数学？

B

都不喜欢。

A

那喜欢英语？地理？

B

也不……

A

物理？历史？

B

嗯……

A

你真的喜欢上学吗？

B

当然啦！

我最喜欢体育课、音乐课、

戏剧课，还有计算机课……

想想看：你的爱好都有哪些？你会为它花多少时间？

四、放假去哪里玩？

道具准备：任意。

练习提示：A 一直在提出问题，那么他隐藏在这些问题后面的真正目的是什么？B 又在想什么？他的目的呢？

A

假期你要去哪里?

B

可能会去一个剧团实习。

A

你要当演员?

B

不是,只是实习。

A

不是剧团吗?

B

剧团里不是只有演员这一个工作。

A

哦,你还挺适合当演员的。

B

为什么?

A

因为你很会讲笑话。

B

演员可不能只会讲笑话。

A

哦,我的假期可没你这么有意义。

B

我可以推荐你也来这个剧团实习。

A

可是我已经有计划了……

B

那好吧！

A

虽然不够有意义，

但应该挺好玩儿的，

我会去学冲浪、滑板，还有攀岩……

想想看： 如果假期可以去实习，你会选择什么工作？

五、长大了会是什么样？

道具准备： 任意。

练习提示： 这段台词是许多例子之一，同学们可根据自己真实的想法来完成对话里省略的部分。可以完全即兴地去进行这段对话。

A

我想长大后去山村生活。

B

你已经想这么远了？

我可从来没想过，你觉得我长大后会怎么样？

A

我觉得你会成为一个非常有个性的摇滚妈妈。

B

嗯，也许。我想你会养一只狗。

那种看起来比较凶的狗，你会叫它小乌龟。

A

嗯，也许！

你很有可能变得很会做饭。

所有人都喜欢吃你做的饭，

还有各种糕点，

你会为每道菜取一个名字。

B

但我只做给我喜欢的人吃。

你会成为一个_____

因为你最喜欢_____

所以你会有_____

A

哈哈，听起来不错。

也许在某个时候，你_____

然后你_____

但最终你_____

B

那我的孩子们呢？

A

他们成立了一个乐队，成了最棒的乐队。

B

我想你为了_____

然后_____

A

现在你想喝点什么吗？

B

当然！

试试看： 对你的偶像或者你的父母做一份他们的人生经历调研，

看看他们是如何成为这样的。

六、白菊花

道具准备：一束白菊花（或用其他材料自制假花）。

练习提示：这段对话的表演内容可以设定为，你买了一束菊花要去向你的朋友或老师道歉，又或者是去看望病人。总之多尝试将送花对象设想成不同的人物。

A

你看我买了些花，是白色的菊花。

我看到它时觉得很特别，很少在花店能看到，

可拿在手里后，很多人开始安慰我。

B

上次我看到白色的菊花，

还是在我奶奶的葬礼上。

A

啊？我不是这个意思。

B

不过花还是很漂亮的，

就像你说的，很特别。

A

是吧？

B

也许你还可以拿去换换。

A

真的吗？

B

你最好现在就去，

要不待会儿花店关门了。

A

是的。

B

我知道这不是你的本意。

但真忍不住想笑。

A

是挺好笑的。

要是本来就是一次玩笑就好了！

B

也许以后会开始流行送白菊花也说不定！

A

别开玩笑了。

B

是你说是玩笑的。

A

这样的玩笑还是算了！

B

其实就是一些花而已！

这些花的含义还不都是人们编的。

A

我还是去换了吧。

B

随便你。

A

要不然花店真关门了。

试试看：请调研一下白菊花的花语到底是什么，有什么来历。

七、我是谁？

道具准备：任意。

练习提示：这段对话发生在什么地方？A 为什么会在这里？B 会是谁？你们需要认真讨论一下，这里还有哪些信息可以帮助你们来完善这个故事的前因后果？

A

请回忆一下你是谁。

B

我是谁，我是谁？

（想了想）

我怎么想不起来了？

这是哪里？

A

没关系，不用着急，

这很正常。

B

你是说，我不知道自己是谁，

这很正常？

A

是的，绝对正常。

你自己希望这样。

B

我自己？我为什么希望这样？

我在哪里，让我出去。

（奋力砸门）

A

请你冷静下来，

这里没人会伤害你。

B

你是谁？

这是绑架吗！

A

你冷静一些！

没有人绑架你，

我不会伤害你。

B

不，我不相信，

这到底是哪里？

你要干什么？

A

这是你自己做的决定，

我只是来帮助你适应为你自己工作。

看来你需要独自适应一下。

（A消失，B更加恐慌）

试试看：如果这段故事是发生在未来呢，你要如何讲述？未来世界会是什么样子？

八、吓人与被吓是一回事

道具准备： 任意。

练习提示： 这是舞台剧《别怕黑》里的一段台词，我们试试看像演员一样去完成这段对话。同时，展开你们的想象，将整个故事、人物表现得更完整。

A

一般来说，只有别人吓到我，

我根本吓不到人。

B

笨哪，好吧，你得这么理解，

吓人一跳，和被吓一大跳，

其实是同一种东西，

就好像是硬币的正反两面。

A

什么？你能不能说简单一点？

B

嗯，你记得昨天晚上那只猫吗？

全身橘色的毛，它在看见我们的时候，

突然"砰"的一下，全身的毛都炸开了，

它当时很吓人吧！

A

是的，我都被它吓了一跳。

B

其实那是它自己被我们吓得毛骨悚然，

所以，吓人和被吓是一回事，

懂不懂，像那只猫一样？

A

啊？为什么要像一只猫？

B

啊，笨呀！

（突然间张牙舞爪地大叫一声，

把所有人吓了一跳）

A

啊！

B

别动，保持，你看，就是这个样子！

这不就学会啦！你叫得很恐怖，

脸也很吓人。

好了，就用这种表情去吓人吧！

试试看：就"害怕"这个主题进行一次小小的故事创作。

第 6 章　节奏：速度控制器

插图作者：F·π 剧场学员（匿名）

还记得第 1 章我们一起玩的用最快和最慢的速度说话吗？快与慢是节奏最直接的体现，但节奏远远不止于此，本章我们就来更加深入地感受节奏。

什么是节奏？想想看，在我们身体里心脏的跳动、呼吸，大自然的四季更迭，花开花落，日月轮回，甚至是我们的情感变化，等等，节奏无处不在，也可以说节奏藏在世间万物运行之中。

在艺术作品中，你能看到节奏吗？一部戏，一首乐曲，一幅画，一段舞蹈，一篇散文，一首诗，一个雕塑，一栋建筑，等等，每种艺术形式中都蕴藏着自己的节奏，节奏是艺术之美的灵魂。我们在对话中的节奏也是如此，词与词之间的抑扬顿挫、快慢住停，带动着观众的感受变化。当你听到一段激动人心的演讲时，除了演讲内容外，你有没有发现，无论他的停顿，还是突然加快的语速，无一不是精心演绎，演讲者必须同时是节奏大师，才能激发听众的反应和激情。

在接下来的文本中，你们首先要做的是，根据对话内容定一个基本速率，快速的或舒缓的。你也可以把它理解成音乐中的节拍，演奏一首乐曲时需要遵循的基本速率。一段温馨的对话，与一段让人恼怒的交流，两者之间必定有着完全不一样的基调。然后，更深入地讨论每句话该在什么时候说出来，甚至是每个词。什么时候应该改变语速来带动气氛？彼此的对白交替什么时候应该由你接过去说？是没等对方说完就抢着说，一口气说完一长串话？还是听完后陷入沉默？等等。这些你完全可以想象是在谱写音乐旋律一般，安排你心中的词与词、句与句之间的旋律。

另外，一个小提示，不要害怕在舞台上沉默，沉默常常会让有些同学感到不自在，觉得此时什么也没做，可能会让观众觉得乏味。其实并非如此，紧张的氛围通常就在突然的停顿中被营造出来，因为这种突然之间的停顿，才能让观众进入表演者的思想中去，探求人物此时此刻的所思所想。

这一章和下一章的情绪可以联系起来看，你们会发现，节奏的变化会带动情绪，情绪的变化同样会改变节奏。增加身体紧张感、加入内在情绪、调节呼吸速率、改变声调以及利用声音大小等来增强表演力度，这些都是表演者在创造对话节奏时需要用到的重要手段。

概念导引游戏——"空间中的'穿插走'"

游戏要点：

感受我们所在的空间和在空间中移动的速度。

游戏说明：

1. 基础——空间走动

在设定的舞台空间，用地标贴贴出方形的空间（边长不少于 3 米），方形空间的四个角各自站立一人，方形空间每个边的中点各站立一人，共计 8 人一组，其他人作为观众，引导者发出开始的指令，逐步进入空间"穿插走"训练。

引导者（教师）发出指令参考：

（1）"这是一个方形的空间，当你们听到我的指令时，请每个人迅速走过这个空间和你对面的同学交换位置，请站立在角上的同学和你斜对角的同学交换位置，站立在边上的同学和你正对面的同学交换位置，在走动的过程中把这个方形空间像米字格一样平均分割。另外，我有个要求，在你们走动的过程中请不要发生碰撞，同时不要停顿，让走动流畅起来。对，是8个人同时启动，好，准备，开始。"

（重复2~3次，尝试越来越快，以最快的速度完成位置交换，然后换下一组）

（2）"这次难度要升级啦，当你们听到我的指令时，请每个人进入这个空间里自由穿插走动，每个人走直线，遇到边界时就转身去另一个方向，任何方向都可以，但只能是直线运动，同时保持不和其他人撞到。并且我会持续给出一个敲击的节奏，大家需要听到我敲击节奏的变化，节奏快你们走动的速度就快，节奏慢你们就慢，注意不是踩节奏点，是行进速度的变化，最后，当声音停止时，所有人定格，无论你是什么动作，瞬间'凝固'，瞬间'冷冻'。"

（第一组，节奏可以从正常到越来越快，然后突然停止；第二组，节奏可以从快到越来越慢，然后停止）

2. 进阶——空间速度，从"0度"到"8度"

当大家感受到了速度的变化，并且可以做出整体反应时，游戏进阶加入速度练习。还是在空间中穿插走动，但不是同时启动，要逐一进入，并且赋予每个人不同的走动速度。

引导者（教师）发出指令：

（1）"接下来我们要再次升级难度，刚才是同时进入空间，现在，我发出指令后要一个一个进入，而每一次进入走动的速度要加倍，例如，当我们站立的时候我们把它比作'0度'，是静止的状态，当第一个人开始进入空间走动时，我们把它设定为'1度'的速度，第二个人进入时，必须以比'1度'快一倍的速度'2度'进入，以此类推，直到8个不同的速度同时在方空间运行。各位观众要看到8种速度在这个空间运动。最后，我发出停止的指令时，大家定格。"

（结束方式有2种：定格或是减速方式逐一退出，目的要让游戏者清晰地感受到不同的速度，并且可以保持在自己的速度中）

（2）在穿插走动的过程中，开始乱说话，每个人说话的速度都要与自己走动的速度保持一致，如果不知道说什么，教师可以给出一句诗，或者是胡言乱语的一串声音，让学员们模仿重复。

（这段训练将在第8章的导引游戏中延续）

一、报菜名

道具准备：任意。

练习提示：你可以选择重复对话次数，每一次比上一次，A可以逐渐加快节奏（语速），B可以减缓说话速度。也可以邀请更多同学加入演出，以此营造出餐厅的场景。另外，想想看这一番对话从开始到结束，情绪发生了怎样的变化，对话结束那一刻A和B的表情会是怎样的？

A

欢迎光临，这边请，

请问您吃点儿什么？

B

嗯……我，

有没有……嗯……推荐菜？

A

蒸羊羔、蒸熊掌、蒸鹿尾儿、烧花鸭、烧雏鸡、

烧子鹅、卤猪、卤鸭、酱鸡、腊肉、松花、小肚儿、

晾肉、香肠儿、什锦苏盘儿、熏鸡白肚儿、清蒸八宝猪、

江米酿鸭子、罐儿野鸡、罐儿鹌鹑、卤什件儿……

B

停，第四个是什么？

A

蒸羊羔、蒸熊掌、蒸鹿尾儿、烧花鸭，

烧花鸭一份儿？

欢迎光临，这边请，

请问您吃点儿什么？

B

喂，我……

还没点完。

A

是的。来了，

6号桌加一份拍黄瓜。

B

我没要拍黄瓜。

A

您是8号桌。

B

你刚刚说的第11个菜是什么？

A

蒸羊羔、蒸熊掌、蒸鹿尾儿、烧花鸭、烧雏鸡、

烧子鹅、卤猪、卤鸭、酱鸡、腊肉、松花。

松花一份儿？

B

你们就没有菜谱吗？

试试看： 尝试练习传统相声《报菜名》中的整段贯口部分。

二、迟到了

道具准备： 任意。

练习提示： 动作和说话的速度有些时候也许是不一样的，一个说话很着急的人，但行动很慢，而另一个人虽然说话慢慢悠悠，但一直在行动。

A

完了，快迟到了！

B

我忘记密码了。

A

什么？

你换好衣服了吗？

B

简直就是一场噩梦，

我竟然会忘记了游戏登录密码。

幸好是个梦。

A

你别说了，

今天上午什么课？

B

你知道吗，

我没办法登录游戏，

但游戏里的那个人却在跟我说话，

一直说个不停。

A

现在是我在跟你说话，

你快醒醒吧！

B

我醒了呀，

我必须登录一下我的游戏账号。

A

你昨晚玩得太晚啦，

都熄灯了你还在跟我说游戏里的鬼话，就像现在。

B

你走不走？你怎么还在被子里？

试试看：让你身体运动的速度和说话的速度不一致，例如动作快但语速很慢，看看能保持多久。

三、心跳

道具准备：任意。

练习提示：练习这段对话首先需要找到生理上的节奏，可以用身体动作来带动语言节奏变化，例如开始对话前先热身，跑动起来再开始说话。认真观察自己的心跳和呼吸发生变化后对说话节奏产生了什么影响。

A

不能再跑了，

我的心脏就要跳出来了。

B

这才 5 分钟。

A

可是我真的有些难受，

它真的跳得太快了。

B

跟着你的心跳呼吸，

用鼻子吸气，

嘴巴吐气。

A

我上不来气。

B

跟上自己的心跳。

A

我跟不上……

也许我的心脏不适合这项运动。

B

你呀，就是缺乏锻炼。

A

现在我必须躺下了。

B

不行，不能躺，你身体也太差劲了。

A

我觉得吧，

只是我们擅长的运动不一样，

我平时也练瑜伽，

可能我的心脏就喜欢慢节奏的运动。

试试看： 测一下在剧烈运动下自己的心跳频率最快是多少？自己可以承受的范围是多少？找到适合自己的运动，也就是从身体到心理都觉得很好的运动。

四、绕口令

道具准备： 任意。

练习提示： 要想说好绕口令，关键是掌握好气息的变化。在练习时，同学们可以事先找到每段话的换气点在哪里。不要只为了说得快，还要发音清楚。

A

坡上立着一只鹅，坡下就是一条河。

宽宽的河，肥肥的鹅，鹅要过河，

河要渡鹅，不知是鹅过河，还是河渡鹅？

B

扁担长，板凳宽，扁担没有板凳宽，板凳没有扁担长。

扁担绑在板凳上，板凳不让扁担绑在板凳上。

A

一平盆面，烙一平盆饼，饼碰盆，盆碰饼。

B

出东门，过大桥，拿着杆子去打枣，

青的多，红的少，

1个枣、2个枣、3个枣、4个枣、5个枣、6个枣、

7个枣、8个枣、9个枣、10个枣、10个枣、

9个枣、8个枣……1个枣，一气儿说完才算好。

A

所以这棵枣树上就 10 个枣?

B

这不重要，我现在需要吃个枣。

试试看：用腹式呼吸来说绕口令。

五、成语接龙与网络用语

道具准备：任意。

练习提示：首先，两位表演者需要找到一个共同的节奏来对话，而当节奏破坏掉的时候怎么办? 是否有另一种节奏可以替代? 比如我们可以尝试在对话的后半段加入说唱。

A

闭门思过。

B

过目不忘。

A

忘乎所以。

B

以假乱真。

A

真知灼见。

B

见势不妙。

A

妙笔生花。

B

花花绿绿。

A

绿树成荫。

B

"yygq" ①。

A

什么?

B

阴阳怪气啊,

这你都不知道?

A

我不想知道,

我们在成语接龙。

B

好的,"拴 Q" ②。

A

算了,别玩儿了。

反正这局我赢了。

B

你可真是"懂王"!

① 网络用语,系"阴阳怪气"的汉语拼音的首字母。

② 网络用语:由英文thank you(谢谢)衍生,后用来表达说话者对某事很无语。

A

你觉得这样说话很有趣吗?

B

"大聪明!"

A

我看你已经不会正常说话了!

B

了然于胸、了如指掌、了了可见、

了然无闻。我赢了!

想想看: 现在网络用语流行,电子产品为我们带来文字输入便利的同时也让我们提笔忘字,汉语水平普遍倒退。我们是否想过,学习语言、文字的意义是什么?

六、冷月葬花魂

道具准备: 任意。

练习提示: 这是一段《红楼梦》中的经典片段,因为人物的不同,年代的不同,说话的节奏也会不同。什么样的节奏更适合古风?

林黛玉

倒要试试咱们谁强谁弱,只是没有纸笔记。

史湘云

不妨,明儿再写。只怕这一点聪明还有。

林黛玉

我先起一句现成的俗语罢。

三五中秋夕。

史湘云

清游拟上元。撒天箕斗灿。

（此处略）

林黛玉

人向广寒奔。犯斗邀牛女。

史湘云

乘槎待帝孙。虚盈轮莫定。

林黛玉

又用比兴了？

（此处略）

史湘云

这个鹤有趣，倒助了我了。

窗灯焰已昏。寒塘渡鹤影。

林黛玉

了不得，这鹤真是助她了！这一句比"秋湍"不同，

叫我对什么才好？"影"字只有一个"魂"字可对，

况且"寒塘渡鹤"何等自然，何等现成，何等有景且又新鲜，

我竟要搁笔了。

史湘云

大家细想就有了，不然就放着明日再联也可。

林黛玉

你不必说嘴，我也有了，你听听。

冷月葬花魂。

史湘云

果然极好！非此不能对。好个"葬花魂"！

诗固新奇，只是太颓丧了些。

你现病着，不该作此过于清奇诡谲之语。

林黛玉

不如此如何压倒你。

试试看：查找一下此段对话出自《红楼梦》的哪一回，又有着怎样的前因后果与对话背景。同时再研究一下古人对对子的规则与方法，尝试与父母来一次对对子比赛。

七、恭喜

道具准备：任意。

练习提示：对话中的人物因为所处状态的不同，他们的心情也不太一样，也许 A 是个专门负责接生的护士，他 / 她每天都会面对无数这种状况，所以他 / 她会怎样说话？

A

恭喜你当哥哥了。

B

啊！真的吗？噢耶！我终于可以当哥哥了！

（非常激动的样子，突然变得很紧张）

我妈妈没事吧？

A

什么？

B

你看起来不开心？

是我妈妈病了吗？

A

啊……，不是不是，

恭喜恭喜！

你激动很正常！

B

怎么感觉你在敷衍我？

A

新的生命诞生，

透过准父母满怀欣喜的翘首期待，

和初生婴儿清脆无比的啼哭，

足以瞬间触动人们心底那些最柔软、最细腻的情感。

这是人类生生不息的证明啊！

B

你在干什么？

A

这是我们护士长让我们背的。

试试看： 描写一下你激动时的表情，画出来也可以。

八、诗经

道具准备： 任意。

练习提示： 练习前可以先尝试理解《诗经》中的这两篇，然后试着唱出来。

A

"呦呦鹿鸣，食野之苹。

我有嘉宾，鼓瑟吹笙。

吹笙鼓簧，承筐是将。

人之好我，示我周行。

呦呦鹿鸣，食野之蒿。

我有嘉宾，德音孔昭。

视民不恌，君子是则是效。

我有旨酒，嘉宾式燕以敖。

呦呦鹿鸣，食野之芩。

我有嘉宾，鼓瑟鼓琴。

鼓瑟鼓琴，和乐且湛。

我有旨酒，以燕乐嘉宾之心。"①

B

这没办法变成一个音乐剧。

A

《诗经》有很多篇。

B

我知道，

可是这个故事是什么？

A

里面也有很多小故事。

B

小故事，

可不能变成音乐剧。

A

"鱼在在藻，有颁其首。

王在在镐，岂乐饮酒。

---

① 《小雅·鹿鸣》。

鱼在在藻，有莘其尾。

王在在镐，饮酒乐岂。

鱼在在藻，依于其蒲。

王在在镐，有那其居。"①

这些其实都是歌词。

你想我们在校庆的时候，

演出这样一个音乐剧，

是不是很棒？

B

我知道这个故事是什么了。

有人一直想用《诗经》做一个音乐剧，

尝试了很多办法，

但都没有成功，最后还是只能念出来。

是不是很棒？

试试看：了解《诗经》的背景，如果《诗经》是歌词，可以给它配上什么样的旋律呢？摇滚、说唱、民谣，还是别的风格？

---

① 《鱼藻》。

第7章 情绪：哭与笑

插图作者：F·π剧场学员（匿名）

在对话沟通中，人与人之间的另一个连接靠的是一种看不见的东西——内心的活动，内在的情感流动，而这种看不见的连接才是真正的沟通。

回想一下我们认知情感之初，人是在一声啼哭中诞生的，然后才学会了笑。伴随着生命的成长，我们的情感在哭与笑之间起伏。哭与笑的表情面具正是人类戏剧的象征符号，因为人类最早的戏剧是从悲剧开始，然后是喜剧，悲剧与喜剧是戏剧之源，距今已有几千年。哭与笑，就像是自然界的两种力量，一种是朝着太阳向上生长的力量，另一种是深深地扎根大地向下延伸的力量；又宛如白天与黑夜。它们都是永恒的存在，是一个整体，我们无法选择只要笑不要哭，而且它们一直在交替涌动，也正因此我们的情感才变得多彩，就像黑夜与白昼之间幻化出的七色光。

俗话说"人有七情六欲"，你知道是哪"七情"，哪"六欲"吗？七情：喜、怒、哀、惧、爱、恶、欲。六欲：眼、耳、鼻、舌、身、意。也曾有学者研究指出，人有九类基本情绪：兴趣、愉快、惊奇、悲伤、厌恶、愤怒、恐惧、轻蔑、羞愧。"兴趣"和"愉快"是正面积极的，"惊奇"是中性的，其余六个都是负面消极的。

其实，无论积极的还是消极的情绪，都有其自身的价值，例如，恐惧可以帮助我们逃离危险，内疚可以促进我们自我反省。无论你感受到了什么样的情绪，不要去评判它的好与坏，关键在于看见它，感受它，让它自然流动，情绪是我们对生命体验的自然反应，让自己看见它非常重要。

对于戏剧表演而言，表演者必须与自己的台词产生情感共鸣。演员演绎一段对话，意味着要发掘其中潜在的情感，将其有力地表达出来，并令人信服。但是表演并不意味着一定要夸张地呈现，最好的情感表达往往是通过克制来实现的。所有的表演方式都是建立在真情实感之上的，一个表演者在塑造角色的时候，需要仔细挑选他的情感记忆中，最接近当下人物所需要的情感，注入表演，并且不是关注情感本身，而是引发情感产生的源泉和条件。也就是说，情感记忆不仅需要在表演者的大脑里建立一个目录夹，摆放：高兴、悲伤、兴奋、忧虑、恐惧、希望、怀疑、吃惊……诸如此类的情感类别，更需要搞清楚并记住的是：自己怎么产生出这些情感的？

在本章中，或者在这一段日子里，希望你们可以写写自己的情绪日记，把你感受到的情绪、情感记录下来，描写一下你当时的身体感受，以及这些情感是怎样产生的。

还有情绪转换，我们可以通过下面的游戏来感受一下情绪转换的过程，让我们开始吧！

概念导引游戏——"转换情绪"

游戏要点：

透过隐形物的使用和肢体动作来表现情绪。

游戏说明：

游戏者独自完成一个活动，重点是要透过物品的使用来表现出某种明确的情绪；然后让情势逆转，把刚刚所做的全部推翻，利用相同的物品来展现情绪的转变。

例如：一个女孩正在梳妆打扮，准备参加舞会，通过从衣柜里拿衣服的方式来展现欣喜或忧虑之情；之后却听说舞会取消了，她再通过将衣服放回衣柜来展现内心的失望或轻松。一个男孩终于等到了篮球比赛的到来，但比赛却临时取消了，等等。

注意事项：

（1）在转折点上，可以让电话铃响，或是派另一个人上场传递消息。

（2）如果游戏者只靠面部表情来表现情绪的转变，就表示他们"做作"，还没有了解用肢体来表现情绪的意义。道具和肢体的使用是不可或缺的。

（3）如果你们正在研读某个小说或历史作品，不妨试一试利用这个游戏把其中的人物表演出来。《西游记》中的猪八戒或电影《汤姆历险记》中的汤姆·莎耶，他们会如何表现出失望之情？

一、太痛了

道具准备：任意。

练习提示：想象一下，这段对话是发生在战场上，还是某个特殊的工作空间？或者病床上？想象痛苦的情绪如何呈现？无声地隐隐作痛，还是放声痛哭。

A

啊，痛……太痛了……

不能呼吸了。

B

忍着点，我知道，这种感觉很不好，

你已经很棒了。

A

这会留下伤疤吗？

B

会有一点，

我以前也受过这样的伤，

看，在这里，但后来就渐渐消失了。

A

伤疤也许会消失，

但痛苦的记忆会一直在，

太绝望了！

B

看来最痛的是记忆……

A

是的。

（沉默）

B

那就哭出来吧。

试试看：

1. "伤口是阳光照进你内心的地方。"这是鲁米写的诗句，你怎么理解这句话？

2.尝试回忆你的一次痛苦经历，并试着把你对它的感受全都写下来，并想一想是什么让你痛苦的。

二、争吵

道具准备： 任意。

练习提示： 如题所示，这段对话是关于争吵的情境。为什么会争吵？人物在争吵时的情绪是怎样的？争吵时如何表达你的愤怒？

A

还让不让人吃饭了，

从我回家到现在，

你都说我半个多小时啦。

B

你这是什么态度？

现在是你自己不好好吃饭，

一直玩手机。

A

那你们呢？状态不好了，玩会儿手机，

太累了，玩会儿手机，

心情不好，玩会儿手机，

你不也只会玩手机吗？

我就不会有累的时候吗？

就不会心情不好吗？

就一直能保持很好的状态？

B

好，从现在开始，

吃饭不准玩手机，

谁都不准玩！

如果再有人在吃饭的时候玩手机，

从今以后，就不允许用手机了！

A

那要是你玩呢？

B

我就把手机扔了！

（手机铃声响）

想想看：关于"要不要表达自己的愤怒"展开一次讨论，说说你的观点是什么。

试试看：召开一次家庭会议，所有家庭成员可以在会议上提出对其他人的意见，但不要加入对他人的评价，只是提出意见本身，看看能否找到解决问题的方法？一旦找到解决方法，需要家庭所有成员达成共识，并一起执行。

三、别走

道具准备：任意。

练习提示：A 有可能是个 5 岁的小孩，也可能是位 80 多岁的老人，那么 B 又会是谁？为什么 B 一定要走？不同年龄的人，在面对离别的不舍时会有什么不同的情绪表达呢？如果再加上不同场景，情绪又会有什么样的变化，观众可以感受到吗？

A

你别走，

我不要你走！

B

可是我不得不走啊！

A

为什么？

我不想一个人在这里。

B

你不是一个人，

不是还有很多伙伴吗？

别哭了。

你这样我放心不下。

A

我就要一直哭，

这样你就不会走了。

B

你记得吗，你最喜欢的电影《星际穿越》里面有一句话说，

一旦成为父母，你便是孩子们未来人生里的幽灵……

A

你根本不知道什么时间回来，对吗？

B

我会回来，我保证，

只是暂时不知道是什么时候。

（转身快步离开）

A

别走，别就这样走了。

试试看：描写一段离别的场景，通过周遭的环境表达当时的情感。

四、后悔

道具准备：任意。

练习提示：这两个角色处于哪种情绪中，一个是后悔当初，另一个呢？这两种情绪需要怎样的身体动作来加强？

A
早知道今天下雨，
我就不该穿这双白色的鞋！

B
早知道鞋会脏，
就不该洗它。

A
你干吗学我？

B
我在帮你后悔啊！

A
不用了。
早知道要遇见你，
我就该换条路走。

B
早知道会遇见，
就不该来。

A

你烦不烦?

B

你烦不烦,这么喜欢后悔?

A

后悔这种事没有人会喜欢,

可有些时候,事情就是这样。

B

有一种东西叫计划。

A

那还是会有计划之外的状况。

B

那是惊喜!

A

也有可能是惊吓!

想想看: 如何让后悔这种情绪变得积极起来?

五、冷静

道具准备: 任意。

练习提示: 这是一段关于紧张的情绪对话。练习时,可以让 A 屏住气轻声讲话,B 的回应越来越大声。或者 A 大喊大叫,B 却声音平静。当然也需要搞清楚,这是一个什么样的场景。一次攀岩训练,还是在翻过高墙,又或者只是卡在某个高处? 他们为什么会在那里?

A

你别动！先别急，

先一步一步往下。

B

可是没有路了。

A

你左边呢？

B

左边是光溜溜的岩壁。

A

右下方呢？

B

那个太远了，

我的脚够不着。

A

冷静！也许你可以先移动手，

就可以够着……

B

我快没有力气了。

A

坚持住，深呼吸，

你可以的。你先移动你的左手，

右手紧紧扣住那个石头。

B

哎哎哎，你先别喊，让我想想。

A

这是唯一的办法！

勇敢一点。

B

冷静！

A

是的！可是时间不多了。

B

算了！我直接跳吧。

A

不行！不可能！

那个……

B

你别拦着我……

A

冷静！

想想看：处于紧张情绪中的人会有哪些动作？如何让紧张的情绪平静下来？

六、再悲壮点

道具准备：任意。

练习提示：练习中 A 正在朗诵曹操的《观沧海》，为什么 B 让他要有悲壮的情绪？你在生活中是否感受过悲壮的情绪？悲壮跟哪种情绪比较接近？

A

"东临碣石，以观沧海。

水何澹澹，山岛竦峙。

树木丛生，百草丰茂。

秋风萧瑟，洪波涌起。

日月之行，若出其中；

星汉灿烂，若出其里。

幸甚至哉，歌以咏志。"①

B

停、停，你能不能再加上点悲壮的感觉？

A

悲壮？是什么样的？

B

电视里不是经常有这样的桥段吗，

好好想想，战场上……

很悲壮的感觉……

A

哦，电视里，那什么……

"东临碣石，以观沧海。

水何澹澹，山岛竦峙。"

B

哎……停，不对，感觉还是不对。

A

啊，感觉还不对？

B

你要由心而发才行，

你现在只是把噪音变化了，

悲壮，是悲壮的感觉……

---

① 曹操《观沧海》。

A

到底什么是悲壮的感觉？

B

就是……

你有没有感到过孤独，

茫茫人海只有你一个人……

A

真惨，那多伤心啊！

B

不是伤心，孤独并不是伤心，

这样说吧，你心中有很多理想，却无人能够理解，

大志向，气吞山河，多棒！

A

孤独、寂寞，还没人理解？

这还不悲伤？

B

是因为没人理解，

所以孤独、寂寞……

你再试试。

A

要不你试试？

想想看：电影、电视里演员演的哪些具有悲壮感的人物让你记忆犹新，而哪些又让你觉得完全不是那么回事？

七、还是帮我一下吧

道具准备：任意。

练习提示：这段对话里出现了情绪变化，你能不能找出转折点在哪里？为什么？那开始时的情绪是什么，转折之后呢？

A

你在做什么？

B

你自己看呢？

A

我能帮你吗？

B

不必了。

……

嘿，你在干什么？住手！

快停下！

A

哦，不是这样吗？

抱歉抱歉……

B

哎呀！

A

对不起对不起，我不是故意的，

实在是对不起！

B

拜托！我快烦死了，你帮帮忙好吗？

A

我就是想帮忙啊。

B

你站远点就是帮我大忙了。

A

哦，这样……

B

喂！

A

干吗？

B

对不起，还是帮我一下吧，

我一个人搞不定，

你能来搭把手吗？

想想看：回想一下自己生活中一次情绪转变的全过程，更重要的是想想是什么让你的情绪转变的，还有没有其他方法。

八、别投诉我

道具准备：一个蛋糕盒子，一个头盔。

练习提示：这段对话里的人物好像已经很清楚了，但是大家可以想想这两个人物正面临的状况是什么？他们最迫切的愿望又是什么？两个人的情感有没有可能互换，情感的变化又是怎样的？

A

不好意思，来晚了，

你们这里电梯好像……

B

都 12 点半了，

你整整超了 40 分钟。

A

真的是电梯坏了……

B

嗯！

A

你先别关门，你能别投诉我吗？

我们一单就挣几块钱，

你要投诉了我，今天一天的钱都没了。

我刚刚是爬楼梯上来的，

你这里可是 12 层。

B

你知道吗？

我今天工作丢了，

今天还是我生日，

但是蛋糕过了 12 点才送到，

你说我俩谁惨？

A

不好意思，不好意思！

（唱）

祝你生日快乐，

祝你生日快乐，

祝你生日快乐······

要不要帮你点上蜡烛，许个愿?

B

啊?

A

生日肯定还是要许愿的。

B

好吧，可是没蜡烛。

A

我有电筒。

B

谢谢······

我想回家，

我想家了。

A

我也想家。

B

那我许愿，我们都能早点儿回家。

A

我的愿望其实是你别投诉我。

想想看：当你希望得到别人的体谅时，是否也能体谅别人?

九、开心

道具准备：任意。

练习提示：想想 B 在听到 A 说的最后一句话时，心情是更好还是更糟？如果情绪一直在递增，你要如何演绎？

A

我太开心了，

终于考完了。

B

我一点都不开心，

我没考好。

A

分数都没下来，不一定。

我已经做好了计划，

滑雪、看电影、打篮球、欢乐谷……

B

我没心情听你说这些。

A

我都说了，你不一定没考好。

B

我自己做的题，我自己心里有数。

A

你连题都数错了，

心里的数怎么可能准。

B

啊！我太难过了！

A

我说错了什么吗？

试试看： 玩一个小游戏"情绪放大器"，比如 0 是正常表情，1

是开心地微笑，2 是放大一倍的开心，以此类推，5 是开心到大笑……
10 是开心到狂笑……开心被放大到极限是什么样子？

十、抱抱

道具准备：任意。

练习提示：这也是一段关于离别的对话，但和之前的一段《别
走》的情感完全不同。你们可以想想对话中的人物都是谁，这样会帮
助你们更准确地找到说话时的情感。

A

快一点，东西都收完了吗？

别误了飞机。

B

误不了，我已经叫好车了。

A

多久到啊？

B

6 分钟。

A

香肠你拿了吗？

B

都装好了。

A

水果你怎么不带？

B

太重了，水果哪里都有卖的。

A

你不会选啊!

B

你不是教过我了吗?

不要选长得太大、太好看的。

A

身份证装好了吗?

B

在包里。

A

再检查一下。

B

好,你看这不是吗!

A

不要经常点外卖,

不卫生,也不健康。

B

知道了。我下楼了,

车马上到。

A

哦……

什么时候回来?

B

说不好。

妈,(伸开双手)

来抱抱。

A

嗯。

B

我会想你们的，

照顾好自己。

想想看：如果有一天你要离开父母独自去生活，你会如何跟他们
道别？

第8章 声音：声音是个演员

插图作者：鹿诗琪

舞台上一片漆黑，当我们只能听见声音时，甜美、柔弱的声音和冰冷、硬朗的声音，一定可以在我们的脑海中勾勒出截然不同的两个人物形象。声音是个演员，有效地使用它可以为我们塑造的人物增色不少。如何用它来说台词呢？我们只是利用自己声音的大小和语调？还是应该带点儿口音，或者让声音有些颤抖？老师、修理工、司机、医生、将军……各种各样的角色，通常在声音上会有哪些不同？

想想看，你能想到多少种可能，小孩的声音、老人的声音、童话故事般的声音，或是听起来狡猾的、贴心的、草率的、痛苦的、温暖的、紧张的，等等，每种声音都有其独特的音色、声量、语调、色彩和用处。声音是演员最重要的工具之一，演员必须学会巧妙运用它，这一刻轻声低语，下一刻又放声咆哮，当然不经过练习是无法做到的。专业演员们很清楚如何让声音发挥出最佳效果，当然导演在创排时会基于不同的角色，根据演员不同的音色特点，挑出恰当人选扮演相应的角色。

接下来，在开始这一章对话游戏之前，你们应该用导演的耳朵仔细倾听并感受：每个角色需要用到哪种声音？而你自己原有的声音又是怎样的？它拥有怎样的特点？这个声音适合这部分表演吗？要相信，每个人的声音都是独一无二的，这也正是角色所需要的。

请注意，在练习时，你必须小心，不要在没有热身的情况下大喊大叫，以免损伤嗓子。如果突然尖叫，有可能损伤声带。

通常专业演员在练习对话时需要加入相应的气息训练，因为气息是我们控制声音最核心的工具。如何让气息辅助你的台词？比如，一段如泣如诉的台词中，演员突然地吸气是否会增添一些戏剧效果呢?

概念导引游戏——"声音魔镜"

游戏要点：

"反射"（模仿）对方的声音。

游戏说明：

每两人一组，面对面坐着。其中一人带头发音，另一人来"反射"，就像镜子一样，必须映照出对方的声音。一段时间之后，两人互换角色，反射者变成带头者，而原先的带头者就变成声音的反射者。

注意：

（1）声音可大可小，低声哼唱或大叫都可以，最好能体现音色的多样性。

（2）若想有变化，可以试试三人一组，其中一人给出"交换"指令，就像"指挥"一样。

（3）在音乐里也可以发现这种观念的延伸，比如古典乐或爵士乐先是由一种乐器演奏主旋律，然后再由其他乐器加以变奏。

一、糖葫芦

道具准备：任意。

练习提示：这是一个幻想的场景，角色是拟人化的，所以需要打开你们的想象力，想想看使用什么样的声音来演绎这段对话更有趣，是尖尖的还是粗粗的声音，或者是更奇特的声音。但是无论哪一种都不要忘记你为这个角色设计声音的初衷，就像给动画片里的人物配音一样，不但要找到合适的声音来说话，而且说话时还需要符合人物的性格、情感以及当下的反应。

A

真要命，一会儿冷，一会儿热。

B

是的，我们黏在一起了。

A

哦天呢，好黏呀。

B

有些时候就会这样！

你得适应。

A

我实在无法忍受这么近的距离。

B

那就等等吧。

A

等什么？

B

一张嘴，或者一只手。

试试看：用自己的嗓音做个模仿小实验，尝试去模仿一个你最熟悉的人，用他／她的声音来说话；或者模仿一段你最喜欢的电影角色说话的声音，说一段经典台词；再或者模仿一只小动物的声音，看看它会不会听懂你的声音。

二、迷路

道具准备：任意。

练习提示：你们可以想象一下这一幕会有多刺激，因为整个表演都将在黑暗中进行。同时，尽量尝试不同的说话声音，因为在黑暗中，观众无法看见你们的表情，更无法看见这是哪里，那么声音就变得尤为重要。

（黑暗中）

A

快看！那边！那是什么？

B

是来救我们的吗？

A

等等……

那只是一条健忘的蚯蚓。

B

我们才健忘吧，作为一只蚂蚁，

怎么总是忘记路。

A

等等！

那又是什么？

B

救援队？是吗？

我就知道，它们会来的。

A

只是一种发光的岩石。

B

完了，你还有吃的吗？

A

有，等等。

你怎么没有触角？

B

我一直都没有！

A

什么？

B

你也没有啊？

A

啊！难道是因为我们的触角断了？

所以才找不到路。

B

完了！我们的触角断了。

A

等一下。

B

又怎么了？

A

你怎么跟刚才健忘的蚯蚓很像？

B

啊，你也很像，但只有一半。

我们是要变异了吗？

A

有没有一种可能，

我们就是蚯蚓？

试试看： 去调研一下蚯蚓与蚂蚁的外形特征与生活习性。

三、肚子痛

道具准备： 任意。

练习提示： 想想看，人生病之后的声音是什么样子的？表演中尽量回想真实的疼痛是什么感觉，当你身体疼痛时，说话的声音会和平时的声音不一样吗？当然会，那就试着表演出来，让观众真的感觉到你病了。

A

你好，我经常这里痛。

B

嗯！

A

就是这里，有时候会更上面一点！

B

好，我知道！

把舌头伸出来！

A

我肚子痛！

B

我知道！

是刺痛还是绞痛还是烧灼感？

A

啊，好像都有点儿。

B

你要不再感受一下？

A

就是很痛！

B

戒辣，大油、凉的都不行。

多喝小米粥。

A

啊？现在是夏天！

B

我知道！

A

就没有什么特效药吗？

B

吃出来的病，

当然靠吃来治。

A

所以不用吃药?

B

也可以针灸!

A

那算了!我还是好好吃饭吧。

想想看: 你上次看病是什么时候?能回想一下当时的情形吗?

四、还好

道具准备: 一幅画。

练习提示: 这一段对话的人物 B 可以设定为励志演讲家,或是志向远大的企业家,你可以用夸张的肢体动作和自信满满的微笑,进一步加强这种人物形象,并将其融入对话表演中。"还好"一词听上去应该是什么样的感觉?试试用不同的方式来说这个词。这种探索也能为你演出这一幕带来更多灵感。

A

你把照片挂那儿干什么?

B

这样看得更清楚。

A

为什么?

B

有什么问题吗?

A

太逼真了，

感觉一直被它盯着。

B

我觉得还好。

A

是吗？还好？

B

对，就是还好！

看着它说：我还好。

试试。

A

我还好。

B

大声点。

A

我还好。

B

要显得你很坚定。

A

我还好。

B

是的，我也是。

我还好。

想想看：在你的生活中有没有可以激励你的人，能对你产生影响的人，甚至能改变你的想法或行为的人？他们会是谁？收集一些他们的照片，做成书签。

五、太大声

道具准备：任意。
练习提示：可以假定表演场景是任何一个公共场所。邀请更多的同学一起来营造出公共场所的嘈杂声。

A

你说话太大声了。

B

你说什么，大点声。

A

我说你说话太大声了。

B

什么，你说话大声点！

A

你的声音已经大到让所有人都听到了！

B

你看吧，你吸引了所有人的注意。

试试看：

1. 练习一下控制自己的音量，将自己的声音从最小到最大分成 10 个级别练习。

2. 大胆想象一下，是否可以用一种动物、植物、外星人等的发声方式来重新演绎这段对话。

六、付出

道具准备：任意。

练习提示：首先可以在开始练习前，根据对话里的信息把整个故事想得更完整，比如：A 参加了什么比赛？他具体付出了什么样的努力？B 与 A 的关系又是怎样的？B 是否也参加了比赛，他的成绩如何？搞清楚这些问题后，我们可以决定在练习这段对话时用怎样的声音来表达，或者找到更多可能性。

A

怎么会这样！

我不相信！

B

一次比赛而已。

A

而已？你知道我付出了多少吗？

B

这不能说明什么。

A

没道理是这个结果。

B

可结果就是这样啊！

你就不能接受吗？

A

你说得轻松。

如果让你接受根本就不应该属于你的结果，

你能接受吗?

B

比如说?

A

你好不容易洗干净的衣服,被人弄到了地上;

你写了很久的小说被人扔在一旁?

还有,

你努力很久复习功课,但仍然考试成绩不理想?

B

确实让人难过,

可是有些时候事实就是这样,

付出努力不是一次交易,

它是心甘情愿的选择,

有时不全是为了得到一个结果。

努力付出,本身就很棒。

A

我很难理解。

B

那你也可以选择不付出。

A

确实,

那就不会有不好的结果了。

B

也不会有好的可能。

A

我……

B

我觉得这个结果很好，

起码可以让你第一次这样大声说话。

想想看：如果不是所有的付出都会有结果，那要如何面对生活中的不如意呢？

七、戴上头盔

说明：此段供 16 岁以上的表演者练习。

道具准备：一个摩托车头盔。

练习提示：B 在戴上头盔后，向 A 说出了一些心里话，他为什么要选择这样的沟通方式？他们平时的沟通会是怎样的？观察或设想一下，人们在戴头盔、行驶中、停车时，说话的音量会发生怎样的变化？通常在诉说心里话的时候，声音会有哪些细微的变化？

A

戴好头盔。

B

坐在后面也需要戴头盔吗？

A

当然。

B

啊，我的发型完蛋了。

A

如果你不戴头盔，发型一样会完蛋。

B

你把头盔给我了，

那你呢？

A

今天没想到你会坐我的车，

这里到你画画的地方不算远，我骑慢一点儿。

B

哦，我戴好了。

A

坐好了，抓稳。

B

（超大声）

啊，什么？

A

抓稳！

B

戴上头盔什么都听不见。

A

不算太快，放心。

B

嗯……

爸，其实我不喜欢画画，

虽然你很希望我喜欢，

但我对画画没有信心，

我没办法画得跟你一样好。

我更喜欢篮球，

我想成为职业球员……

爸，红灯！

A

（超大声）

知道了！

B

（停顿）

爸，画室到了，

喂，你要去哪里？

A

知道了！

我们可以去兜兜风。

试试看：可以在家里尝试带着家长玩儿"我想说＿＿＿＿＿＿"的游戏。

八、笑一笑

道具准备：任意。

练习提示：注意一边哭泣一边说话时的声音是怎样的？情绪的不同会产生不同的声音吗？笑与哭从发声方式上有什么不同？

A

你现在需要笑一笑。

B

别说话。

A

你哭的样子真是不好看！

B

谁难过的时候还管样子好不好看？

A

但总有成语形容哭得好看，比如：

"梨花带雨、如泣如诉、抽抽噎噎……"

B

（哭得更大声了一些）

那还有：

"鬼哭狼嚎、抱头大哭、哭天喊地……"

现在我就是这样！

A

这样会让人误会，

像是我欺负了你！

B

现在就是这样！我只是想大哭一场！

你还要求我哭得好看！

A

我只是希望你笑一笑。

B

你愿意笑，你就笑吧！

反正我笑不出来。

A

（开始大笑起来，笑得越久越好。

最后看 B 是否也能笑起来。）

想想看：你上一次大哭是什么时候？因为什么？哭完之后的感受又是怎样的？

九、一则广播

道具准备： 任意。

练习提示： 这是一段比较长的对话，甚至出现了多个角色，因此你们需要合作完成这段对话。同时在这段对话中出现了多处场景，那要如何才能在表演中转换场景呢？不同场景中的声音塑造又如何帮助观众理解场景的变化呢？

A

今天是 12 月 30 日，

农历的 × 月 × 日。

欢迎收听 ×× 广播。

B

本次广播的主要内容有：

金融危机已经波及全宇宙的每一个角落，

太阳系的每一个星球将面临严重的金融危机。

A

昨日，我台记者报道，继金融危机之后，

又发生一重大事件，胡先生家的猫，丢了。

B

这是人类世界最后一只，

自然生产的猫。

A

下面请看详细报道。

（竖起"接外景"的牌，记者出场）

记者

观众朋友们大家好，

我是××栏目的记者×××，

我现在已经来到了事发地，

这就是最后一只自然生产的猫曾经的家，

看得出，它居住的环境十分不错，

完全没有任何理由自行逃跑。

我们来采访一下失主胡先生。

胡先生

对，阿蓬不可能会逃跑！它的房间是三室一厅，

还有中央恒温系统，与24小时循环新风。

它肯定是被人偷走了。

记者A

请你描述一下你最后看见它的场景。

胡先生

昨天晚上，我给它喂了晚饭，

我就打开了它最喜欢的摇滚乐，

然后我就去睡觉了，

结果早上起来它就不见了，门也是敞开的。

后来我就报警了。

（突然画面外一阵骚动声传来）

记者

胡先生，有人说看见了它，

我想我们要赶紧过去看看。

（两人开始跑动）
（回到主持人画面）

A

这真是一个好消息。

B

请现场记者与胡先生都注意安全。

（画面回到野外）

胡先生

我看到了！它在那棵树上。

记者

我们找到了！

（一只猫在树上俯看着树下越聚越多的人）

胡先生

阿蓬快回来！

（回到主持人画面）

A

当地警方已经加入了搜捕队伍。

B

不知道这只叫阿蓬的猫是不是迷路了。

（回到外景现场）

记者

（气喘吁吁）

我们抓到了它。

阿蓬

（挣扎着）

我是阿蓬，你们不能这样对我，

我是逃跑，没有受到任何人的指使，

我只想随心所欲，自由自在！

我要到大自然里呼吸新鲜的空气……

A

喂，你醒醒！

B

啊？

A

你怎么在上课的时候睡觉呢？

还说梦话，想要随心所欲，自由自在！

B

啊？

试试看：写或制作一本梦的日记，记录下自己一个月内做的每一个梦，然后试着将它们编成一个故事表演出来！

第9章　方向：面对面和背对背

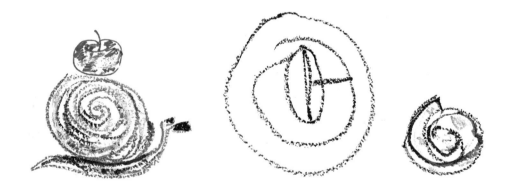

插图作者：孙艺畅

本章我们将讨论一个很有意思的问题——对话中的方向，指的是演员在舞台上说话的方向。我们在生活中对话时的方向，不难理解，对话至少是两个人的交谈，面对面，或是心不在焉地对话。但在剧场舞台上，两个人对话的同时还有观众在看着他们，因此，这就需要你们对舞台进行布置，演员的一举一动都需要精心的设计，这也是戏剧导演常常思考的难题之一。

　　例如，我们在剧场里看戏时，常常会遇到这样的情况：舞台上两个人物的对话，明明应该面对面的，但他们却谁也不看谁，两人都面向观众说话。这是一种舞台表现的方式，它可以强化对话内容，甚至营造一种时空感。让我们还原到生活情境中设想一下，如果一个人在和你说话时不看你，却看着窗外远方，你会是什么感受？再如，他直勾勾地盯着你的眼睛说话呢，然后，一点点移开你的视线，从眼睛向下，到鼻子，到嘴巴，到地面……或从眼睛向上，到眉毛，到头顶，到天空……那向左和向右呢？视线方向的变化会不会牵动空间感的变化？就在这时，又走过来第三个人，站在旁边把你俩看着，这又会增添什么感觉呢？再加上每位在场者说话时的"心理方向"，是不是时间的维度也会变化？是的，舞台上对话的方向是与时空有关的，这听上去很抽象也似乎有点复杂，但是很有趣。无论怎样，你要知道舞台上的一切都由生活中而来，是对生活感受的放大。

在接下来的对话中，有的是片段的人物信息，还有的是交叉对话，每段对话都有其"说话方向"。读了台词后考虑一下从何处入手，也可以变身为导演从不同的维度思考，如何"穿越"故事，把握对整个时间、空间的运用，确定演员应该站在哪，朝哪个方向说话，在什么情况下，需要切换两个人之间说话的方向。

概念导引游戏——"边走边说"

游戏要点：

在"穿插走"的过程中对话。

游戏说明：

沿用第 6 章"空间中的'穿插走'"导引游戏规则。不同的是，在穿插走动的同时加上台词。台词内容不限，可以是本章对话中的任何一句话。游戏的过程要分成两大组，一组为游戏者，另一组为观看者。游戏者最少要 2 人；观看者人数不限，观看者同时也是给出游戏指令的人，他们可以决定游戏者运行的速度和方向。游戏者要跟随指令行动，保持在规定空间中穿插走动的同时说台词，没有收到停止指令前台词不间断（台词可以单句重复），并且与走动的速度保持一致。两组交替进行。

注意：

（1）观察者除了给出明确的开始与停止指令外，关键是要尝试各种台词与在空间中运动方向组合的可能性，例如让两个人各自站在空间的对角处，然后面对面走向对方，边走边说台词；又或者两个人并排步调一致地在空间中边走边说；还可以一个蹲下、匍匐前进，另一个跑动等，再加入速度的变化。所有尝试的目的只有一个，就是探索时间与空间感的变化。

（2）每次尝试后，游戏者与观看者都要清楚地表达、分享自己的感受。

一、追车

道具准备：任意。

练习提示：这段对话中是两个非常明确的人物——警察和司机，你们当然可以更细化人物的特点与性格，但更重要的是在舞台上如何安排两人对话时以及追车时车子行进的方向，如何能让观众一目了然？另外，怎么让表演看上去就像是真的开车？动作要怎么设计？

A

停车！

现在你的车被临时征用了。

（亮出警徽）

快开车。

B

啊！警察？

A

快追上那辆黑色的车。

B

好的，警察先生。

A

快!

B

教练说，开车前，

要系好安全带。

A

什么？快点儿！

B

你还没有系好安全带。

这样会被扣分的。

A

天啦！

行，系好了！

现在能开了吗？

B

当然！

往远看，早发现，

早处理，方案多，

留余地，易当难，

情绪稳，心不烦，

能做到，才安全。

A

你在说什么？

B

驾车口诀。

A

你是新手？

怎么会遇见个新手！

你有驾驶本吗？

B

当然，你要检查吗？

在你前面的柜子里。

我考试考得很好。

A

那就行，快看，它转弯了。

超车！

B

足够的贮备动力是关键，各项车速要准确地判断。

正常超车要选择直和宽，出弯超车必须有好视线。

侥幸蛮干斗气都不安全，超车判断要把余地放宽。

A

超过去，快，别犹豫……

你跟丢了！停车！

B

停车！现在？

A

是的。

B

我已经完成任务了？

A

是的，谢谢你的配合。

现在我来开车，你到旁边去。

B

你会开车吗？

试试看：如果用电影镜头的方式重新讲述这段情节，你将会怎么做？也可以调研一下电影中类似这样的追车场面，电影镜头是如何设计的。

二、背靠背

道具准备：任意。

练习提示：有一种对话是悬疑时刻的经典桥段，即剧中人物一无所知，但观众却看得清清楚楚，比如一张餐桌下安装了一枚定时炸弹，一名罪犯打开了定时炸弹的开关然后离开，下一秒一名警察带着一名重要的证人来到这张有炸弹的餐桌前就餐。观众清楚地知道炸弹随时会爆炸，但剧中的人物却一无所知还在就餐闲谈，悬疑时刻就此产生了。下文中，A 和 B 一直背对着背说话，可最后 A 好像靠住的人不是 B，那会是谁？如何运用舞台上演员行动方向的变换创造悬疑感？

A

你这么害怕，

就不该选这个主题。

B

密室逃脱不就应该选这类主题吗？

这样才够刺激，要不就白来玩儿了。

A

那你为什么一直靠在我身后？

B

这是通关战术。

A

好像通关的关键，

是要找到那把钥匙吧？

B

对啊，我们这样背对背行动，

才能看到全局！别动，保持！

A

我没动，是你一直在转圈。

B

我不是为了找钥匙吗？

A

我们一直这样应该找不到钥匙。

B

你听到什么了吗？

A

什么？

B

呼吸声。

A

我们离这么近，

当然能听到彼此的呼吸声。

B

但是你可以小点儿声吗？

影响我判断。

A

那我们可以分开行动。

B

别动，我们现在一起往左，

那里有个柜子，说不定能找到。

A

你的左还是我的左？

B

我找到钥匙了，快看。

A

啊？等等，你在哪儿？

试试看：悬疑和幽默有没有相互转换的可能？这段对话会产生哪些有趣的可能性？

三、谁去开灯？

道具准备：任意。

练习提示：对话内容虽然是在黑暗中进行的，但在舞台演出时不可能让观众什么都看不见，因此往往会处理成假设这里是一片漆黑。这与上一段中的概念有些类似，剧中人什么都看不到，而观众却能看见。不同的是观众虽然看得见，但他们头脑中获得的概念却是看不见的体验。所以这一段的关键是通过演员的表演营造出身处黑暗中的感觉，另外，需要注意的是 A 和 B 之间有着本质性差异，一个是盲人而另一个不是。下文开场第一句是凭空开始的，第一句话你要在哪里开始说，先行动起来一段时间后再开口，还是直接开始说？你们可以探寻多样的开场方式。

A

你能去开一下灯吗？

B

为什么是我？

A

我觉得你离开关更近些。

B

我觉得你的感觉有问题。

你看不到吗，

我刚刚是在这把椅子的旁边，

离开关还很远。

A

我怎么看？

（挥动双手）

B

黑夜难道让你失去了方向感吗？

A

是呀，所以我觉得你应该可以找到开关。

B

你知道吗，

人类最早辨别方向的方法是看星星。

A

没有，什么也没有，我看不见星星。

B

不会吧，我才看不见。

窗外一点星光都没有吗？

A

你是真看不见，

我是现在看不见。

B

好吧，

那就好好和黑暗相处一下吧。

试试看：了解一下盲人的一天。

四、英文作业

道具准备：任意。

练习提示：这段对话里表现的是交叉对话，A 正在打电话的同时又在和 B 说话，所以他说话的方向也许一直在变化，试试找到更多的可能性。看看舞台效果会有什么不同，观众的感受和获得的信息量有什么变化？

A

（打电话）

听说下周英语老师就换人了，

是不是这周的英文作业就不用写了？

B

乐乐，你作业写完了吗？

我们订的是晚上 7：45 的电影票，

所以我们现在必须出门了。

A

哦，好，知道了。

（打电话）

行，等你消息，

我才刚把地理作业写完……

B

你怎么还在打电话？

来不及了！

A

我穿上鞋就能出门。

（打电话）

对，我要出门，反正英文作业可以不用写了啊……

B

我的手机在哪儿？你看到了吗？

A

你看看洗衣机上面。

（打电话）

什么？你已经写完英文作业了？

不是说好不写吗？

谁会最先写英文作业？

我怎么办啊？

B

我的眼镜呢，

看电影我必须戴上眼镜。

乐乐，你去哪儿？

A

我忘了我的英文作业还没写！

B

什么？

A

（打电话）

喂，你还在吗？

B

喂，你什么情况？

试试看：玩一个小游戏"一心两用"，看看同时阅读与倾听时你还记得多少？两人一组，甲阅读，乙讲话。甲开始看书或杂志上的任何文章，乙则直接告诉甲某件事。甲要同时将焦点集中在阅读及听乙说话两件事情上。在互换角色以前，甲必须告诉乙自己刚刚看到及听到的内容。要注意的是，对初次尝试的参与者而言，最好选一些轻松容易的文章来念，一旦游戏者对自己有了信心，并掌握到窍门之后，就可以选择较难或专业的读物。

五、几月几日

道具准备：任意。

练习提示：这是一段舞台感非常强的对话，往往很多问题在舞台上一经回答就能强化戏剧效果。所以，你们需要思考的是该如何安排演员在舞台空间中的位置以及他们说话时的方向，来创造出不同的舞台时空感。对话中的两人身处同一空间吗？如果不是同一空间，那他们又在哪里？又该如何呈现？再加上时间上的变化呢，比如他们并不是同一时间下的人物？当然，所有的舞台尝试，最终都有一个共同的目标，那就是你到底要传达什么样的舞台情感，或者说你要强化什么样的情感。

A

2008 年 5 月 21 日。

B

在那天你画了第一幅自画像。

A

2010 年 8 月 7 日。

B

那是一个假期。

我们在野外露营，帐篷还着火了。

所以只能去住酒店。

A

1998 年 10 月 19 日。

B

那天你出生？

A

我是 1999 年 10 月 19 日出生的。

2017 年 7 月 19 日

……那天下午，你毕业了……

B

对对……，是周三，我毕业了，

还记得，

那天我家院子里的来了一只小松鼠。

A

2019 年 12 月 19 日。

B

对于一年里的那个时间而言是个好日子。

A

是吗?

B

快过年了啊。

所有人都在为过年准备。

唯一扫兴的就是那年没有下雪。

A

嗯,感觉那都是好久以前了。

对了,今天几号?

（沉默）

B

谁在意!

想想看： 时间的变化对你的学习与生活有哪些改变? 这些改变对你又有什么样的影响? 哪些是积极的,哪些是消极的?

六、风沙星尘

道具准备： 任意。

练习提示： 这是舞台剧《小王子之风沙星尘》[①]里的一段台词,表现的是一名飞行员坠机在撒哈拉大沙漠侥幸生还,在沙漠中求生的六天里他已严重脱水开始产生幻觉。如你所见,下文中"沙漠幽灵"每次说话的时候,都会以不同的角色出场,那他们都会是谁? 读过圣埃克苏佩里的《小王子》原著的同学应该不难想到,没有读过也没关系,可以展开你们的想象自己创作人物。关键是回到本章的重点来思

---

① 《小王子之风沙星尘》是本书主编于2017年编创的舞台剧,该剧是对圣埃克苏佩里的《小王子》《风沙星辰》《夜航》三部小说做的全新解构。

考，舞台上的时空方向，你们将如何设计呢？如何安排每个角色的运
动和对话的方向？

飞行员

为什么这个表走得这么快？

沙漠幽灵（A）

审判。

飞行员

谁？我自己吗？这可是最难的了。

审判自己比审判别人要难得多啊！

沙漠幽灵（A）

你要是能审判好自己，

你就是一个真正有智慧的人。

飞行员

这是上帝对我的审判吗？

（沙漠幽灵，拿出打字机）

沙漠幽灵（B）

3加2等于5，5加7等于12，12加3等于15……

22加6等于28……26加5等于31，

这样加起来一共就是五亿一百六十二万两千七百三十一……

飞行员

五亿一百万什么？

沙漠幽灵（B）

是一些金色的小东西，有时候会在天空中看得见它，

白天你是看不到的，无所事事的人望着它们会做梦。

飞行员

是星星？

沙漠幽灵（B）

对，星星。

飞行员

你拿这五亿颗星星做什么呢？

沙漠幽灵（B）

不做什么，我占有它们。

飞行员

可是，一个人怎么能占有这些星星呢？

沙漠幽灵（B）

为什么不能？当你发现一颗不属于任何人的钻石，

它就属于你。当你发现一个不属于任何人的岛屿，

它就属于你。当你最先想出一个主意，它就属于你。

现在我占有这些星星，因为在我之前没有人想过占有它们。

飞行员

我可以占有沙漠，成为这里的国王。我要在这里审判自己。

沙漠幽灵（B）

3 加 2 等于 5，5 加 7 等于 12，12 加 3 等于 15……啊，

占有沙子，哈，很荒谬，荒谬……

（沙漠幽灵消失在黑暗中；

沙漠幽灵，拿起了酒瓶）

飞行员

你在这里干什么呀？你看起来很悲伤！

沙漠幽灵（C）

一切都歪歪扭扭的，模模糊糊的，

什么都是上下颠倒的，我在这里干什么？我在喝酒……

飞行员

你为什么要喝酒？

沙漠幽灵（C）

为了忘记。

飞行员

忘记什么呢？

沙漠幽灵（C）

为喝酒而感到羞愧。

飞行员

那你还喝酒。

沙漠幽灵（C）

我为了忘记喝酒的羞愧而喝酒，为了忘记……

飞行员

这里没有酒了。

沙漠幽灵（C）

为了忘记……

试试看：推荐两本书给大家——作家圣埃克苏佩里的作品《小王子》和《风沙星辰》。

七、请看镜头

道具准备：话筒（真的假的都可以）。

练习提示：这段对话我们来探索"心理方向"。角色说话时的"心理方向"，大致可以分为向内和向外两个方向，说给自己听和说给别人听。在演出时向内和向外说可以随时转换，甚至是在一句话中也可以变化。那对应着"心理方向"的变化，肢体动作又是什么反应呢？当 A 面对镜头时他是向内的还是向外的？或者开始向内，后来向外，那转折点在哪里？你们都可以试试看。

A

大家好。

B

祝贺你成为本届的冠军，

那么，能告诉我们，

你为什么来参加我们的节目吗？

A

我，呃……

我喜欢音乐。

B

还有呢？

A

我觉得上电视很酷。

B

啊哈！

不错，你现在如愿以偿了。

A

呃……是的。

B

现在电视机前应该有上百万的观众正在看着你，

你想对观众们说点什么呢？

A

我……

（害羞，没想好的样子）

B

别紧张，如果有跟你一样喜欢音乐的人，

你可以以你的经验对他们说几句鼓励的话吗？

A

嗯……加油！

B

我想他的意思是，

希望所有人都能坚持自己心中的梦想，并为此努力。

我还有一个问题，您能分享一下你的演唱技巧吗？

A

技巧？没有什么技巧，

进入音乐里就行了。

B

你是说，投入音乐里，成为音乐世界里的王者？

A

呵呵……创作是需要……

B

你是不是想说："创作者是属于上帝的职业，

当你面对着一张空白的画布，

一块混沌的泥土，一个空空的空间，

不论什么，请你成为这个世界的创世主，

去创造梦境里的真实。"

A

哦，这是我填在报名表上的。

B

很好，太棒了。

如果你说话的时候能看镜头就好了。

想想看：舞台上内心独白是如何呈现的？

试试看：莎士比亚的《哈姆雷特》中的经典台词："生存还是毁灭，这是个问题。"（To be, or not to be, that is the question.）这句话是向内还是向外？

八、青春

道具准备：任意。

练习提示：本段节选自李大钊先生在 1916 年发表在《新青年》上的文章，大家可以试着用各种各样的方式来读。想一想，你们会是在什么场景下念诵这篇文章，是一个人站在山顶，还是很多人一起，在某个聚会里？如何安排每个人说出台词的方向，舞台上看是角色的对话，但实际上是要说给观众听，又该如何安排？

A

青年循蹈乎此，本其理性，加以努力，

进前而勿顾后，背黑暗而向光明，

为世界进文明，为人类造幸福，

以青春之我，

创建青春之家庭，

青春之国家，

B

青春之民族，

C

青春之人类，

D

青春之地球，

E

青春之宇宙，

A

资以乐其无涯之生。

众

乘风破浪，迢迢乎远矣，复何无计留春望尘莫及之忧哉？

A

吾文至此，已嫌冗赘，请诵漆园之语，以终斯篇。

试试看：去阅读李大钊先生的《青春》全文，并结合自己的青春做一次小小的演讲。

九、请投我一票

道具准备：任意。

练习提示：A 在准备演讲。就说话方向而言，演员需要仔细确定自己面对了多少人，演讲时眼睛与身体动作又会有什么样的设计。是走动着说，还是站定一个点？如何让这个演讲更具有说服力？

A

亲爱的老师们、同学们：

大家好！

我是＿＿＿＿班的＿＿＿＿。这是我第一次上台演讲，

我有些激动与紧张，但我姥爷说，

如果我把这次演讲当成一次我个人爱好的分享会，

就会轻松很多。我喜欢运动，特别是篮球，

最开始喜欢一个人练球，希望能跟我喜欢的篮球明星一样厉害。

可是经历了第一次团体赛后，才发现常年一个人练球，已经不会与其他队友配合了。球场不是某一个人的球场，如果没有一个懂得配合的队伍，根本就不可能赢得比赛。

这也是我这次参加竞选的主要原因，

我希望把我们班喜欢篮球的人组织起来，

然后一起训练，一起为喜欢的篮球努力，

我甚至为这个篮球队取好了名字——"热血篮球队"！

怎么样，不错吧？所以请大家投我一票。

B

所以你要竞选的是体育课代表？

A

不，我要竞选的是篮球队长。

B

可是这次竞选没有篮球队长这个职务啊？

A

现在不就有了吗？

我觉得这对我们班下半年的篮球比赛很重要。

试试看：同学们也可以结合自己不同的喜好，即兴进行一次演讲。

第 10 章 关系：在两个角色之间

插图作者：吴悠

关系，是指人与人之间，人与事物之间，事物与事物之间的相互联系。在这里，我们更想讨论的是人际关系，它也被称为"人际交往"，包括个人的亲属关系、朋友关系、同学关系、师人关系、雇佣关系、战友关系、同事关系等，也包括个人与集体间的关系，如个人与家庭、个人与单位、个人与社团等关系，还包括由个人组成的群体与群体间的关系，如民族关系、国际关系，等等。要知道，人在社会中是无法孤立存在的，人的存在是各种关系发生作用的结果，人们也正是在建立关系的过程中逐步完成自我发展和自我价值实现的。

回想一下，朋友之间是如何从陌生到熟悉的？从缩短我们彼此间的空间距离开始，同处一个班，然后，接触频次增多，相互交往，发现彼此之间的相似之处越来越多，有共同的理想、信念、价值观，对某些问题的看法、观点几乎相同，谈话投机，而且兴趣爱好，甚至臭味相投，更重要的是彼此可以从对方身上得到教益和启发，实现互补，最终我们成为了挚友。那阻碍我们成为朋友的又会是什么呢？不尊重不关心他人，对他人不诚恳，缺少同情心；妒忌、猜疑、偏激、固执、报复、苛求、欺骗、依赖他人，等等。关系决定着我们彼此间心理上的距离远近，关系的良好与否直接影响着我们生活的幸福感。

虽然同学们现在可以接触到的关系有限，但是在接下来的对话游戏中，你们可以通过调研和想象来创造角色和角色之间的关系，你们需要认真思考，在这些对话中，在两个角色之间，是谁来决定彼此的相互关系，以及他们之间的关系又是如何发展和变化的？

人物关系的创作方法，你们可以从戏剧创作角度去思考，增加故事的冲突，也可以从文学作品中人物的形象设计来想象。要记住没有人可以孤立存在，如果新增的人物没有起到强化人物关系的作用，这个人物就可以不存在，当然这是主人公来决定的，所以，你需要确定谁是主角，谁是辅助角色。以下提供给大家四种故事创作中人物关系的范式：

（1）敌对关系："反派"，或者说叫做施加压力的人物，主人公与"反派"之间既有对立关系，有时也在某种情境下产生共情。例如，"警察"和"罪犯"；

（2）利用关系："背叛者"，二人开始是朋友，但各自的目的不同，走向了敌对的状态；

（3）协助关系：主人公的协助者，社会属性的直接体现。例如，主人公李警官的搭档小王。在常见的故事中这种角色往往会为了主人公最后的成功而牺牲；

（4）对比关系：这种方法多出现于多主人公的故事中，用来表现同一事件下两种不同的行为，以此对比人物的性格差异。

当然，这些关系并不是一成不变的，它可以根据故事的发展相互转化。

好了，说了这么多，接下来要看你们的啦！

概念导引游戏——"我是谁？"

游戏要点：

创造一个角色是靠肢体动作，而不是靠语言，要投入周遭的活动中，直到"人物"显现出来。

游戏说明：

需要所有人参与，其中一个人自愿到外面去，让其他人来决定他的身份，例如学校门卫、食堂的厨师、发传单招揽生意的人、平常有许多活动或公务缠身的人、领导，等等。决定好之后叫外面的人进来，坐在场内，由其他人一个一个表现出与这位"人物"的关系，同时投入适当的活动，直到这个人知道自己是谁为止。

注意：

（1）这个游戏中最困难的部分在于，不要让那个被蒙在鼓里的人认为这是一个猜谜游戏，也不要让其他人提供线索。只要那个人接受一切正在进行的活动，并且自己也投入活动中，"人物"自然就会显现出来。比如：一个人走进来，有人给他换衣服，消毒，递上手术刀……

（2）除非大家对这个练习已经相当熟悉了，否则避免将名人作为"人物"。

（3）一旦那个被蒙在鼓里的人借语言或行为表现出他已经知道自己是谁了，游戏便结束。不过，游戏者也可以在身份揭晓之后继续玩下去。

（4）待大家清楚游戏要点之后，这个游戏可以应用在其他学科课程中，例如对政治家、科学家、工程师、发明家、作家、画家、音乐家等的研读上。将焦点集中在人物处所的环境（地点）中，能让所讨论的主题呈现更多的层面，并让同学们了解得更深入。

（5）慎重考虑自己选择的角色。同时，我们鼓励多多尝试不同的角色，因为有些时候扮演者与角色之间的反差，也会带来意想不到的效果。

一、显而易见

道具准备： 任意。

练习提示： 对话中的角色是什么年纪的人？是两个学生？还是一老一少的两个人？思考一下哪种人物会让对话更有意思？当人物设定改变后可以创造多少种人物关系？A 和 B，A 和"他"，以及 B 和"他"之间存在着多少种关系的可能性。与本书中其他对话一样，这里的"他"也可以是"她"。

A

我觉得他人不错。

B

我就知道，你觉得他不错。

A

你怎么知道？

B

反正我知道。

A

我表现得很明显吗？

B

我觉得，是的。

A

那对其他人呢？

B

我想大家都能看出来吧。

A

这么明显吗？

我以为谁都没看出来。

B

你每次在他一出现时，

说话或笑声就突然变大。

A

声音变大？

（突然将音量提高）

B

就是这样！

A

啊？

B

你还会用手捋头发。

A

没有吧。

B

真的。

（沉默）

A

你觉得他知道吗？

B

当然知道。

显而易见。

试试看：观察一下，一个人对另一个人有好感时，他的身体动作是如何表现出来的？

二、房间太乱

道具准备：任意。

练习提示：这段对话与上段对话一样，角色的设定有很多种可能性。问题的关键是：他们谁才是主导这段对话的人？是否可以改变主导关系？

A

天哪，你还好吗？

你的房间进小偷了？

简直太乱了！

B

什么？

（环顾四周）

A

要是你不在里面，

我可能要报警！

B

你总是太夸张！

A

你不信，我就给它拍一张照片。

（拍照）

你看。

B

嗯……

看上去很像一位艺术家的房间。

A

我想你对艺术家一定有什么误解？

如果一定要说艺术家的话，

我看比较像流浪艺术家的房间。

B

流浪艺术家根本不需要房间。

A

对，也许你也不需要，

我看街上那把长椅更适合你。

B

不不不，我毕竟不是流浪艺术家。

A

你看，如果把

沙发的位置换到这里，

再把那个花架放在靠窗户的地方……

这样一来，好看多了。

当然所有东西都需要分类，

这样就不会找不到东西了。

（看着照片比画着）

B

不，应该这样，

花架搁在角落，

书桌放在中间，沙发……

（B开始收拾房间）

A

很好！

B

哦，我终于找到我的眼镜了，

原来它在这里，我找了好久。

A

你看，这种感觉是不是很好？

继续，说不定还能找到更多东西。

B

是的，

我觉得我需要一些打扫的工具。

A

它们正好在门口。

试试看：就这段对话而言，你们可以设定为亲子关系，在家中和长辈一起玩一下，但是互换一下角色，你来扮演长辈，你的长辈来扮演孩子。

三、团队精神

道具准备： 任意。

练习提示： A 和 B 的关系是什么？他们之间现在出现了什么问题吗？B 的隐藏目的又是什么？谁是这段关系的主导者？

A

他问我要不要跟他组队参加排球比赛。

B

这还用问，你肯定不会去啊。

A

你怎么知道？

B

你和他一起打排球，

我完全没法想象那个画面。

A

为什么？

B

他跟你完全是两类人。

A

呃，所以呢？

B

你们俩打不到一起的。

A

当然。

B

他根本不懂配合，

打球只顾自己耍帅。

A

你觉得这样不好，对吗？

B

当然，他不懂排球精神。

A

那你呢？

B

我可比他懂排球精神，

排球是 6 个人一起协作的集体运动项目，

这也就是所说的排球具有"团队精神"，

在排球场上只有讲究队员间的相互配合，

团队力量才能得到最大限度的发挥。

A

好，希望在下午的比赛中记住这种精神。

B

你什么意思？

A

没什么，我们现在还是队友。

想想看： 就"团队精神"展开一次讨论。

四、门票

道具准备： 2 张门票，可以用来撕碎。

练习提示： 这段对话可以包含不同的心理主导要素，从开头到结果，二人的态度发生了很大的转变，在最后甚至还可能出现带有情绪的肢体动作等。再多考虑几种方式来呈现这一幕的主导力。尝试用不同的人物来完成这段对话，看看会不会有不同的效果？

A

我明天去听交响音乐会。

B

是吗！

A

我有 2 张票。

你要不要陪我一起去？

B

那太好了。

A

但你不是对这种音乐不感兴趣吗？

B

你怎么知道？

A

哦，我知道你喜欢哪种音乐。

所有热门歌曲。榜单排名前 40 的。

没关系。你不用为了陪我去，就硬着头皮答应。

B

你根本不知道我喜欢哪种音乐。

A

我当然知道，你昨天就跟别人在讲你喜欢的音乐。

我都听见了，我还是邀请 C 一起吧。

他绝对喜欢。

B

不行，你刚刚已经邀请我了！

A

我以为你不会想去，

你确定不是开玩笑吗？

B

开什么玩笑？

你才在跟我开玩笑吧？

A

你生气了？

B

你是不是根本就没有票？

A

谁说的……

（A 掏出 2 张票给 B 看）

B

给我看看！

（B 从 A 的手里抓过票然后撕成两半）

祝你和 C 玩得开心！

试试看： 约好朋友一起去听一场音乐会。

五、喝茶

道具准备： 任意。

练习提示： 这是一段经典的销售对话。A 有可能是一位销售人员，他要如何推销自己的产品？通常销售人员会用什么样的节奏来推销？当然也可以尝试把场景想得更清楚，比如，销售人员是站在街上拦住行人还是远远地叫喊？A 应该如何与陌生人建立关系？A 与 B 之间的关系有没有发生变化？

A

hello，喝茶不？

B

不喝。

A

不要这么快拒绝！

B

因为我不渴。

A

那你啥时候渴呢？

B

大概明天的这个时候吧。

A

您是沙漠之王啊！

B

怎么说话呢？

A

您看啊，您这么耐渴，

"沙漠之舟"的美名被骆驼占了，您也就称为沙漠之王了。

B

嘿，你这人怎么说话的？

怎么把我和骆驼比呢？

A

你比骆驼幸运多了，我这有西湖龙井。

B

喝腻了。

A

洞庭碧螺春。

B

刚喝过，没啥感觉。

A

黄山毛峰。

B

听说过。

A

茉莉花茶，等等，这些可都是先免费品尝哦。

B

哦，是吗？那我得尝尝。给我来一碗。

A

好咧。我还有一个关于"沙漠之花"的故事。

B

说来听听。

试试看：自己发明一款产品，或制作一件小手工，并尝试把它卖出去。

六、我是主角

道具准备：任意。

练习提示：如题所示，这段对话内容是关于主角之争，那么在这段对话中到底谁才是主角？A 和 B 是怎样的关系？生活中是什么关系？在舞台上又是什么关系？他们现在在干什么？

A

你说这句话的时候，

最好不要站在这里。

B

那我站哪里？

这句话我是对你说的啊。

A

你可以站在我旁边说，

你现在挡在我的前面，

在舞台上会很不好看。

B

我们对话难道不要面对面吗？

A

可这是舞台啊，

要不你站在舞台的另一边。

B

另一边？

这不符合逻辑，

我俩是破案的搭档。

A

我是侦探，

你是侦探的助手，

你跟在我后面也行。

B

你一会儿让我在你旁边，

一会儿又去另一边，

现在又让我跟在你身后，

我觉得你根本没搞懂这个故事。

A

我没搞懂？

是你没搞懂我们的关系吧？

B

什么？那我来跟你说说，

现在案情到了关键时刻，

我发现了一个至关重要的证据。

首先我需要提防被其他人发现，

所以肯定需要面对面告诉你，

然后再一起分析案情。

A

分析案情是我一个人的事。

B

没有我，你怎么分析案情？

自言自语吗？

A

我们是有一些讨论。

B

所以，我需要走到这里。

A

可是我才是主角！

B

这和谁是主角没关系，

故事就是这样的。

想想看：故事中的"主角光辉"是如何被创造出来的？

七、阿凡提的树荫

道具准备：任意。

练习提示：这是一段无厘头的对话，你们要想象一下，如何合理化人物之间的关系，并试着将故事完整讲出来。

A

热死了，还好这里有树荫。

B

不好意思，这是阿凡提的树荫，

现在是受保护的文物，你不能在这里。

A

什么？

B

阿凡提的树荫，你没看过阿凡提吗？

A

我当然看过。我想起来了，

阿凡提买下树荫，是为了邀请他的朋友来乘凉。

我想我早就是他的朋友了。

B

那你有他的邀请信吗?

A

我看过阿凡提。

B

不是这样的，你需要到那边去购买阿凡提的邀请信。

A

什么，购买?

B

是的，你看这个树已经长得很大了。

A

我看你们是巴依老爷的朋友吧?

你们根本不了解阿凡提，

肯定不是他的朋友，

因为阿凡提才不会这么做。

看来我需要好好给你讲讲，

关于他的故事。

B

好吧，

如果你可以讲出他所有的故事，

也许我可以给你一封他的邀请信。

试试看: 去重新看看《阿凡提》这部动画片。

八、青鸟

道具准备： 任意。

练习提示： 这段对话节选自比利时戏剧家莫里斯·梅特林克创作的一部六幕戏剧《青鸟》①，该剧描写了樵夫的孩子蒂蒂尔和米蒂尔在圣诞节前夜，受仙女之托为邻家生病的女孩寻找青鸟的经历。他们到了思念之国、夜之宫、森林和墓地，又来到了幸福国和未来王国。下面这段就是他们在夜之宫的经历片段，结合我们之前学过的所有方法，你们试着把它排演出来吧！

夜

这是睡眠的姐妹……

最好不说出她的名字……

蒂蒂尔

为什么？……

夜

因为这个名字人人都不爱听……还是说点别的事吧……

猫刚才告诉我，你们到这儿来，是要寻找青鸟……

蒂蒂尔

是的，夫人，您肯让我们找吗……

请您告诉我，青鸟在哪儿？……

夜

我一无所知，我的小朋友……我所能断定的，

就是青鸟不在这儿……我从来没有看见过……

---

① 宫宝荣.外国戏剧鉴赏辞典③［M］.上海：上海辞书出版社，2010.

蒂蒂尔

在这儿，就在这儿，光告诉了我，青鸟在这儿，

光不会瞎说的……您肯把钥匙交给我吗？

夜

我的小朋友，你要明白，我不能把钥匙这样随便交给别人……

我守护着大自然的一切秘密，要负责任的，我受到约束，

绝对不能把这些秘密泄露给任何人，更不用说泄露给一个孩子……

蒂蒂尔

是那个要求知道这些秘密的人？

你没有权利拒绝他……这个我知道……

夜

是谁告诉你的？……

蒂蒂尔

是光……

夜

又是光！总是光！

她怎么样样都管！

狗

让我把钥匙从她手里抢过来？

蒂蒂尔

别吱声，有礼貌一点……

（对夜）夫人，你要怎么才能把钥匙交给我？

夜

至少有个凭证吧？

凭证在哪儿？

蒂蒂尔

（戳着自己的帽）

瞧这钻石……

夜

（只得无奈）

好吧……这把钥匙能打开所有的门。

你要遇到不幸那是你自找的，我可不负任何责任。

面包

（十分不安）

有危险吗？

夜

危险？……这样说吧：有的门打开就是深渊，

连我自己也要束手无策，自从开天辟地以来，

凡是成为人生祸患的一切罪恶，一切灾害，一切疾病，

一切恐怖，一切秘密，都一一藏在这殿堂四周的门里……

试试看：《青鸟》故事的最后，他们发现，自己家的斑鸠就是青鸟，它治好了女孩的病，并且飞走了。兄妹俩也在这一次历险中领会到了幸福的真谛：原来青鸟就在自己家里，而幸福，就在身边。只有甘愿把幸福给别人，自己才会感到幸福。读一读《青鸟》的完整剧本。当然你们也可以写一个属于自己的童话故事。

第11章　较量:"赢家"和"输家"

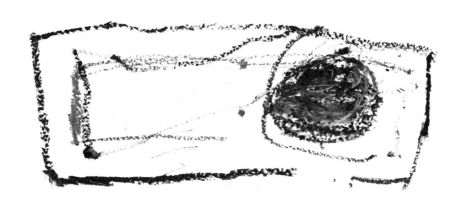

插图作者: 张展硕

在对话中，两个人之间，会有一种无形的力量，例如，强势或者弱势。当然，这种状态有时是人物关系决定的，例如：老师和学生，领导和职员。而有时，强势与弱势也会发生反转——虽然你是学生或者职员，在某次对话中你却说服了老师或者领导接受你的观点，这个说服的过程就是一种强与弱力量的转换，从摆架子到很谦恭，从讨好到轻视，从主动到被动……这个过程会让我们接下来的对话变成一种较量，产生"赢家"和"输家"。你需要思考的是：能赢得什么？会输掉什么？

在开始本章对话游戏之前，你需要抓住两个要点——角色的目的和情境发展的关键时刻。角色目的，在戏剧人物创作中我们常常会处理为"欲求却不可得"，增加冲突感，为人物实现自我目的设置阻力；情境发展的关键时刻，是在角色人物经历了挫折之后的内在与外在的转变，从观众的视角看，常常是指事态的转折点，要么事态升级，要么冲突得以解决。只要抓住这两个要点，就能够增加故事的可看性，让你在表演中总是能抓住观众的注意力，使他们沉浸其中。

在以下每段对话中，试着弄清楚情境里何时才是紧要关头，各个角色的目的到底是什么？他们担心会输还是会赢？请在思考这些问题的同时也不要忘了，它们和节奏，以及之前各章提到的所有主题都有关系。

有时，有些人是带着特定立场或目的开始对话的，也有些人只是身处其中时才会开始考虑自己的目的。你是不是也时常在事后对自己说，无论是在表演里还是在现实生活中，"下次我会用完全不同的方式来处理和应对"？如果是这样，那就不要犹豫，马上再来一次，充分感受不同应对方式带来的变化。

概念导引游戏——"争高低"

游戏要点：

用肢体来带动你的语言状态的转变。

游戏说明：

两人一组，上台表演对话。对话内容只有四句话。A：你好！B：你好！A：等很久了吧。B：等很久了。演员在对话的过程中需要通过自己的肢体变化，创造出不同人物的高低姿态，例如位高权重的领导者和下属员工，长辈和晚辈。表演结束后，由观众根据表演者的动作判断每个角色是高姿态还是低姿态。

注意：

（1）每一组演完之后与观众的讨论，不要只停留在感觉上，要将感觉具体化并总结出来：到底是什么让大家有这样的判断。我们可以从以下五个方面考量：动作的快慢、身体姿态的开合、身体位置的高低、身体距离的远近、声音的大小。

（2）当大家都掌握了游戏的方法后，尝试各种高低姿态表演的练习，例如，"高高""低低""高低""看着高其实低""看着低其实高"；
再如，跟随对方给你的角色设定高低，拉低对方或抬高对方。

一、大师兄

道具准备：任意。

练习提示：你们可以想象这段对话中的人物是《西游记》中的角
色，试着弄清楚各个角色的目的到底是什么？同时也不要忘了，对人
物角色的肢体和声音的设定，以及对角色之间关系的探索尝试等。

A

大师兄天天闯祸，为什么还是大师兄？

B

来得早。

A

不公平！我觉得应该按实力来排序。

B

比如说？

A

比如按饭量？按力气？按体重？……

B

没必要。

A

我觉得很有必要，这样才公平！

B

分工不同。

A

为何我就一定胜任不了他的工作?

B

你可以!

A

那为什么我不是大师兄?

B

你擅长平衡。

A

身材优势?

B

平衡是核心。

A

我是核心?

B

差不多!

A

太好了!

但为什么核心不是大师兄?

B

这不重要。

A

那什么重要?

B

你为什么要加入这个团队?

想想看: 如果把身边的亲朋好友想象成你的团队成员,大家该如何分工协作，会更加和谐？

二、面试

道具准备：任意。

练习提示：如题所示，各个角色的目的是很清楚的，那什么时刻才是"面试"的紧要关头？人物 A 的设定可以尝试更多的人物可能性，是一个刚刚毕业的大学生，还是一个经验十足的老手，他们担心的会输、会赢应该有什么不同？

A

请简单介绍一下你自己。

B

啊？你手上拿着的就是我的个人简历。

难道我写的是外星文？

A

说点儿这上面没有的。

B

感觉到了吗？我很有幽默感。

A

不好意思，没感觉到。

B

没事，接触久了就能感觉到了。

办公室总是需要有我这样可以活跃气氛的。

A

办公室是工作的地方。

B

松弛有度才会提高工作效率。

A

所以，有下班时间。

B

你确定？每天都是准时的吗？

A

呃……

B

我就知道！这里一定经常加班！

加班会有加班费吗？

A

呃……

这需要看情况。

等一下，

现在是我在面试你。

B

我知道！我了解得基本清楚了，

我会考虑的，再见。

想想看：如何在面试中表现出自己的最佳状态？分寸又该如何把握？

三、巧克力

道具准备：任意。

练习提示：在这段对话中，可以用争高低的游戏方式来进行，看看如何在对峙中找到最佳状态？同时也不要忘了它和节奏的关系。

A

你干什么呢，

为什么把巧克力放在口袋里！

B

我没有。

A

你放了，我看到的。

你拿了一块巧克力，

放进了口袋。

B

没有。

A

虽然只是一块巧克力。

即便老板发现的话，顶多说我两句，

让我小心一些就是。

但这个巧克力是为了募捐而售卖的。

B

没错，没错，当然。

我就是募捐会的成员。

A

那你还偷巧克力？

先生，你都一把年纪了，

这样做不好吧？

（A 气愤地看着 B；一阵沉默）

B

你是募捐会的成员吗？

或者为他们捐献过一些旧衣服？

A

呃……有过吧。

B

那告诉我，

募捐会员手册里的第一条是什么？

A

会员手册？

B

对，看上去你根本不知道。

A

第一条就是，捐献一斤旧衣服，

或者一斤旧图书，就能换取一盒水果。

你别岔开话题，我现在要检查你的口袋。

B

你觉得我会让一个连募捐会会员手册

第一条都不知道的人检查我的口袋吗？

A

先生，你必须把巧克力的钱付了。

（A把手伸向B的口袋）

B

放手。

A

我摸到了！

我摸到了一块巧克力，

先生，你不能走，你夹克口袋里有块巧克力。

B

（B平静地从夹克口袋里掏出巧克力）

没错。会员手册第一条规定：

随时在你的口袋里放一块募捐会的巧克力。

试试看：做一个小调研，了解一下"诡辩术"，找找看在你的生活中有没有类似案例？你能不能用真正的逻辑方法战胜诡辩的一方？

四、租约

道具准备：任意。

练习提示：生活中我们常常会遇到这样的情形，开始的目的和后来的目的完全不一样，在这种情况下你又该如何处理角色的变化？也可以试着想想如何通过人物内在冲突来加强戏剧感。

房东

你怎么还没在合同上签字？

租户

哦，这个租赁合同我觉得有些问题。

房东

有问题？

租户

合同上说你每个月要收500元，

但我付不起。我每月只想付400元。

房东

但租金就是每月500元。

租户

呃，我今天正好问了也租在附近的朋友，

他们都说不划算，他们都是 400 元租的。

房东

他们肯定是 1 年前租的房子了，

现在这个价格已经相当划算了。

租户

但我只准备用 400 元租房子。

这是我的预算，

接不接受随你。

房东

不接受。

早知道是这样，

你就不该浪费我的时间。

租户

他们都是 400 元租的这里的房子。

房东

但现在，你这个价格租不了这里。

我觉得我的报价很合理。

所有家具电器都包括在内，你可以住一整年。

租约里已经清楚说明了所有细节。

租户

1 年？

我只想住一两个月。

房东

怎么可能，这个房子是 1 年起租。

租户

那 A 呢？

房东

什么？ A 是谁？

租户

我的那条 6 尺长的蟒蛇。

这份合同里根本没提到它的住所，

所以我不能签字。

房东

什么？

第 15 条写得很清楚 ——"禁止饲养宠物"。

租户

等一下！

A 可不是宠物！

它就像我的孩子。

我从它一出生开始就一直抚养它。

我们一直相依为命。

房东

它心情不好的时候你会拍它的背安慰它吗？

租户

是的，当然会。

它是我的宝贝！

房东

我不会把房子租给你和你的宝贝的。

租户

A 说它也不喜欢这个房子。

想想看： 描绘一下你自己未来独自生活的房间将会是什么样子。

五、对不起，我是警察

道具准备： 任意。

练习提示： 在这段对话中每一句话都可以是暗语，就像是谍战片中的人物对话，所以需要你们为人物说的每一句暗语设定出它背后的意义，这样才会让这段对话变得更有趣。当然你们也可以尝试情境更多的可能性。

A

请问这里是失物招领处吗?

B

没错。

A

我的伞丢了。

B

哦! 真遗憾。

A

雨突然就变大了。

B

对，现在出去会淋成落汤鸡的!

A

是的。

（沉默）

A

真的没人捡到我的伞吗?

B

什么样的雨伞?

A

黑色的雨伞。

B

我这儿没有。

A

你不需要确认一下吗?

B

不,不用,

我这里没有黑色的雨伞。

A

也许是其他人当班的时候,伞就被送过来了呢?

B

真的没有,很抱歉。

A

这雨太大了!

B

对。

A

谢谢你。

(A准备离开)

B

不过我这儿有一把黄色雨伞。

A

哦,你确定是黄色的吗?

B

当然，你看，

就是这把黄色的雨伞。

（突然 A 将 B 按倒在地）

A

对不起，我是警察，

看来你需要跟我去趟警察局了。

试试看：和你最要好的伙伴发明一段专属于你们自己的暗语。

六、剪头发

道具准备：任意。

练习提示：这是一件生活中的常常会发生的小事，在这样的争吵中，你们必须找到人物各自所持有的观点到底是什么，以及他们担心会输或会赢的又是什么？

A

你能把头发剪了吗？

B

为什么？

A

这样并不好看，你更适合短头发。

B

我不这样认为，我觉得这样挺好的。

A

你为什么总是听不进劝呀？

B

好了，接下来你一定会说，

快看那边的流浪汉，你的头发和他一样。

A

你觉得这样可以完成明天的面试吗？

B

为什么不可以？

A

你看看去那里面试的人，

谁会这个样子去。

B

他们都一个样子，

我不想跟他们一样。

A

一样有什么不好？

要跟大家合群。

B

为什么要合群？

A

那至少要得体呀！

B

我觉得很得体！

A

那是你觉得，关键就在这。

B

你能别说了吗，我不想听了。

A

好吧，我不说了，你有十块钱吗？

B

十块钱？

A

我们可以去那边的地摊买顶帽子。

想想看：保持个性，或完全服从，这两种行为方式，是否有中间的平衡点？如果选择"保持个性"就需要成为自己的第一责任人，你是否能负起这个责任？而"完全服从"则需要接受他人的安排，你是否可以完全接受？

七、"神秘的真凶"

道具准备：任意。

练习提示：在这段对话中，可以尝试戏中戏的双线索叙事，用导演的思维想想看如何安排这两条线索的强弱关系，从而吸引观众更好地看下去。

A

然后呢？

B

然后，他就发现那个日记本被别人改动过了。

A

接着说。

B

日记里出现的那个名字都被剪掉了。

A

会是谁做的?

B

是一群藏在他床底下的小矮人干的。

A

小矮人? 他们是从哪来的?

B

他们是远古的黑齿人部落,

他们才是真正的凶手。

A

远古部落黑齿人?

B

他们一直都不说话,而且还不敢笑,

因为他们天生牙齿就是黑色的。

A

啊!

B

你觉得怎么样?

A

我知道了,可以放一些牙膏引诱他们,

这样就可以抓到他们了。

然后再用鞋带,

把他们一个一个都绑起来,让他们说出事情的真相。

B

对了,他们中间还有一个宁死不屈的,

像是野兽,你绝对不能碰他,要不然就会被他咬伤。

A

所以，那个死去的流浪猫也是他们干的，

因为他们的牙齿有毒，

只要被他们咬伤的

人或动物都会中毒而死。

B

真相就是，黑齿部落穿越时空来偷牙膏？

A

不、不、不行，如果故事发展成这样，

就成搞笑的了，我们不是要写悬疑吗？

B

是呀，不能一边搞笑，一边悬疑？

A

没听过。

我觉得问题出在黑齿部落的小矮人上。

B

不是黑齿部落的小矮人，那会是谁？

A

他是为什么出走的？

B

因为他爸爸把他最爱的玩具士兵扔掉了，

他必须要把他们找回来……

A

对，所以小矮人就是他的玩具士兵？

不是黑齿部落。

B

玩具复活了？这也讲不通。

A

你怎么还没明白，这是他的梦。

B

哦，他自己才是凶手？

他有心理疾病？

A

我们还是再想想吧，

今天就先写到这里吧。

想想看：如何进行团队协作，在集体创作过程中有不同意见时应该如何处理？

八、打个手势

道具准备：任意。

练习提示：对人物的探索会让对话变得更有趣，B 是的士司机，A 和 C 呢？他们的性格又是怎样的？在他们相遇之前都发生了什么？各自的情绪又是怎样的？试试看，用方言演绎这段对话，例如天津话。

A

师傅，去机场，

麻烦你快点儿。

B

哎，这条路车太多，

快不了啊！

A

啊！我快来不及了。

B

没事，我前面右转，
走小路。

A

好嘞，谢谢您。

B

诶……

A

小心，电瓶车。

B

拐弯也不知道打个手势，怎么骑车的！

C

打手势，打吗①首饰，给你打个戒指多好。

A

师傅，没出事儿就好，快走吧。

B

小伙子，看你着急，
我不跟他计较。

A

好，谢谢，
还有多久能到啊？

B

不好，这条路也堵了。

---

① 此处天津话读作"mà"。

C

开那么快有什么用？

A

你就少说两句吧。

师傅咱不跟他计较。

B

我就喜欢开得快，你管得着吗？

别慌，我还知道一条路，

我们掉头。

A

太好了！感谢！

B

完，小伙子，看来你今天有点儿无路可走了，

这条路也堵死了。

C

无路可走了吧？

可是我还能走，

再见。

A

等一下，您能载我一段儿吗？

我赶时间，我付钱。

B

小伙子，你怎么能投靠敌军呢？

C

小伙子，我才是友军，上车。

想想看：你在生活中是否也遇见过凡事都充满幽默感的人？你怎

么看这样的生活态度？

九、嗖嗖

道具准备：任意。

练习提示：在这一段对话里谁在力量较量中赢了？他是怎么赢的？

A

你好，

我想办个光纤网络。

B

我这儿有很多种套餐，

您可以看看。

A

这么复杂，有没有简单点的？

B

不复杂，或者您告诉我您的需求，

我来帮您推荐。

A

我想要家里上网速度"嗖嗖"快的那种。

B

了解，上网速度快对吧，

这几个套餐都可以满足您。

A

是"嗖嗖"的那种吗？

B

您需要多快，是用网络看视频电视，

还是玩游戏？

A

都需要。

B

为您推荐第三款套餐，这是目前最好的，

可以同时上传下载万兆的数据，而且，

还可以免费送您一台 VR 眼镜设备，您可以试试。

A

太复杂了，我只是要那种"嗖嗖"的就行。

B

那就给您推荐基础款吧，这个不太贵，

而且也有促销，您觉得怎么样？

A

速度是"嗖嗖"的那种吗？

B

对，不仅可以"嗖嗖"，今天办理还有升级活动，

直接升级成"嗖嗖嗖"！

不过需要"嗖""嗖、滴滴"两下，您看可以吗？

A

嗯嗯，可以。

试试看： 只用拟声词来描绘一个事物。

十、冬瓜糖

道具准备：任意。

练习提示：一老一小两个角色已经很明确，而两个角色应该在什么场景里却并不明显，在这段对话中，A 认为他能轻松获胜，是这样吗？

A

爷爷，

我要一块巧克力，

还有一块士力架。

B

我们以前可没这些东西。

1 周只有 1 块冬瓜糖。

A

但现在有了啊，

所以你要不要尝尝？

B

不要，太黏牙了。

A

粘牙？我怎么一点儿都不觉得？

B

那你来试着用假牙吃吃这些？

一大团黏黏的东西，

弄得假牙上到处都是，

我需要很长时间才能把它弄掉，

它们还有可能把假牙给黏掉。

A

为什么要戴假牙，

太恶心了。

B

恶心？

等你老了你就知道了。

A

我老了，

肯定会有更好的办法对付掉牙问题。

B

希望如此。

（沉默）

反正也是以后的事。

现在，我只能将就这样了。

没得选。

A

爷爷，你又来了，

要不你给我 1 颗冬瓜糖也行。

B

但愿你不会有戴上假牙的一天。

想想看： 什么样的行为让你觉得是老年人特有的行为？

试试看： 尝试一次即兴演讲——"如果我老了"。

十一、吃火锅

道具准备：任意。

练习提示：这段对话中的两个人物，来自两个不同的地域，你们可以猜出来吗？试一试用他们的方言来演绎这段对话。另外，如果把 A 设定为很让人讨厌的那一类人，多管闲事、好打听，那 B 是什么样的人呢？

A

我想吃火锅。

B

我吃不了火锅，

你忘了吗？

A

为什么？

B

就不喜欢，不能吃！

A

那你没办法感受火锅的美味了，

太可惜了。

B

我们可以要鸳鸯锅？

这样你就不用一个人吃火锅了。

A

吃火锅怎么能要鸳鸯锅？

这简直是对火锅的冒犯！

B

如果不是鸳鸯锅，

那是对我舌头的冒犯。

A

鸳鸯锅？

真的会被笑话的！

B

那就子母锅？

A

那也一样！

B

那就吃涮羊肉吧！

A

对啊！

B

你不是要吃火锅吗？

A

对，就是涮羊肉！

B

你连涮羊肉和火锅都分不清？

A

它们本来就是一样的。

B

天哪！我现在想去吃火锅了！

A

太好了！

试试看：调研一下，火锅和涮羊肉到底有什么区别，它们分别是哪些地方的吃法？为什么会形成这样的饮食文化？

十二、"手机怪"

道具准备：任意。
练习提示：自由发挥，但请将我们之前各章节提到的所有主题、方法都关联起来思考和运用。

A

我想戒网。

B

你这个月已经说三次了。

A

真的，我受不了了，

太浪费时间，

还影响睡眠。

B

是吗，那你去买一部爷爷奶奶用的那种老年机，

完全没有上网功能。

A

不，这个方法像个胆小鬼，

我要直面它、挑战它、打败它。

B

拭目以待！

A

手机就在我的面前，

但是我不为所动！

B

可是你的手机动了！

你好像有电话。

A

电话！我能接吗？

这不算打破戒网吧？

B

不是电话，是一条游戏通知信息。

A

太好了！我的敌人来了！

（画风一转，A仿佛置身于游戏世界，

正在和一个"手机怪"决斗）

A

"手机怪"！来吧，我要战胜你！

B

（假装"手机怪"）

你就做梦吧，人类世界就快被我统治了！

你们都将成为我的奴隶。

A

错，你才是我的奴隶，

你服务我们，

我才是你的控制者！

（回到现实）

B

这个"手机怪"的游戏还不错，是不是？

试试看：自己构想一个手机游戏创意。

十三、进入决赛

道具准备：任意。

练习提示：在这段对话中，有明确的情绪转折，你们可不可以在这个基础上，让这段中的人物关系变得更加复杂？然后再试着弄清楚这个情境里何时才是紧要关头，各个角色的目的到底是什么？他们担心会输还是会赢？

A

完了，这次又没我。

B

没事的，下次继续努力。

A

我不知道这个比赛还有没有下次。

B

肯定会有的。

A

希望如此吧，

真羡慕你，进入决赛了。

B

也许我只是运气好。

A

能给我看看你的决赛通行卡吗？

B

在这里，给你。

A

真好!

等一下，这个上面的选手号怎么这么熟悉？

这是我的选手号？

你看！

B

啊！不可能，可就是我的名字啊！

A

可咱俩同名啊！

而且我俩的选手号就差一个数字。

B

啊！怎么会这样！

A

太好了，我进入决赛了！

B

完了，这次又没我。

试试看：去参加一次比赛，比赛的内容必须是你自己喜欢做的事情。

十四、好久不见

道具准备：任意。

练习提示：自由发挥，将这个片段发展成一段完整的故事，要表现出二人很久很久没见的感觉。

A

好巧！你还是喜欢喝这家奶茶……

好久不见！

B

确实很巧，我来买杯奶茶就走。

A

（沉默良久）

嗯，我想说，当年那件事，

不是我跟老师说的。

B

已经不重要了。

A

真的不是我。

B

那这三年你怎么从来没联系过我？

A

但我从来没背叛过我们的友谊好吗！

你当时转学也是因为这件事吗？

我知道，肯定是因为这个，

但你也没跟我说一声，

一句话都没说，一条信息都没有，

你觉得是我说的？

B

那为什么只有我俩知道的事情，

老师知道了，同学知道了，所有人都知道了？

A

我不知道……

B

真的吗?

A

我可能知道一点,

但是也不能确定,

因为我当时把这件事写在了我的日记本上,

可是后来我的日记本不见了……

我发誓,就是这样。

B

你还真是有个好习惯呢!

A

我现在都没找到那个日记本。

B

我知道了,还有什么事吗?

A

我请你喝杯奶茶?

试试看: 如果你有写日记的习惯,找到你三年前写过的日记读一读。如果没有日记,那就写一封信给三年之后的自己吧!

后　记

本系列"戏剧美育活动课"丛书，是将戏剧应用于人文审美教育，围绕着感性认知和自我表达与人际沟通、协作的"听、观、感、思、语"五个维度展开，本册《对话游戏》是关于"语"的主题，接下来还会推出"听见声音""睁开眼睛""唤醒身体"和"头脑剧场"四部分课程的配套读物。我们所有的戏剧美育之旅，具有一个永恒的指向，即"回到原点之后的再出发，打开无限的可能，始终保持'自由自觉'的人生态度，保持感知和心智的契合，回归生活，在我们身边的世界中，随时随地发现美、感受美和表达美"。

美育的历史源远流长，本系列戏剧美育课程及读物的开发，除了吸收中华传统诗教美育的养分，还借鉴了德国弗里德里希·席勒（Friedrich von Schiller）审美教育思想和苏联维果茨基（Lev Vygotsky）的"最近发展区"教育观念，以及美国戏剧教育家温妮弗雷德·瓦德（Winifred Ward）的创造性戏剧教学方法和维奥拉·斯波林（Viola Spolin）的剧场游戏方法。同时，我们通过剧目创作实践，邀请跨界艺术家共同创作，在创作过程中不断记录和挖掘艺术家从感知到想象再到创造的过程，并将这一过程转化为行为体验和创新性戏剧行动等，作为课程行动线。此系列课程从 2011 年开始，历经 10 余年的实践打磨而成。这是一次创新教育的尝试，推进过程艰辛，但孩子们的内在改变是我们坚持前行的动力。当然，也幸得来自各个方面的支持与帮助，才得以走到现在。

在此，特别感谢众位艺术家朋友在课程开发上给予的支持与帮助，其中包括资深创意人、奥美原创意总监陈淑华，北京服装学院服饰艺术与工程学院院长常炜，中央戏剧学院戏文系教授赵志勇，音乐人小河，绘本艺术家熊亮，艺术家孔巍蒙，音乐人魏雪漫，英国戏剧应用学教授海伦·尼科尔森（Helen Nicholson），荷兰戏剧家保罗·鲁亚克斯（Paul Rooyackers），捷克舞蹈家兹登卡（Zdenka Brungot Svíteková）、芭芭拉（Barbora Lá talová）等。另外，也特别感谢北京市东城区教育科学研究院，不仅在课程研讨上给予了支持与帮助，同时还给予了戏剧美育课程大力的推荐，使该课程能够在北京市东城区 20 余所中小学校落地实践。也特别感谢为我们提供宝贵课时的所有学校，感谢你们对创新教育的厚爱；感谢每一位戏剧美育教师的真情投入和在课堂上踊跃参与其中的同学们；感谢出版社编校团队的辛苦工作。还要感谢在课程践行过程中给予支持的合作单位：北京外企国际教育咨询有限公司、北京外企服务集团有限责任公司培训中心、北京外企职业技能培训学校。是你们支持着我们前行。

最后，为了让本系列"戏剧美育活动课"更多地惠及社会，我们通过微信公众号"F·π 剧场"搭建了交流戏剧美育教学的平台，并为本书配套了课程视频样例。希望读者朋友们在实践本书内容的过程中，能给我们提出宝贵的意见（sunmq@tup.tsinghua.edu.cn），以便进一步完善，在此表示衷心的感谢！

编者

2023 年 1 月

鸣　谢

（以下排名不分先后）

北京市前门外国语学校
北京市第二十五中学
北京市第五十中学分校
北京市第九十六中学
中央工艺美术学院附属中学
北京市第一六六中学附属校尉胡同小学
北京市东直门中学附属雍和宫小学
北京市东城区史家胡同小学
北京市东城区府学胡同小学
北京市东城区东四七条小学
北京市东城区东四九条小学
北京市东城区金台书院小学
北京市东城区体育馆路小学
北京市东城区回民实验小学
北京市东城区革新里小学
北京市东城区前门小学

北京市东城区板厂小学

北京市东城区培新小学

北京市东城区地坛小学

北京市崇文小学

北京光明小学